M. M. SALVA

LE

Savoir-Vivre

POUR LES

Jeunes Gens

PARIS

LIBRAIRIE BLOUD & BARRAL

4, rue Madame et rue de Rennes, 59

LE
Savoir-Vivre pour les Jeunes Gens

M. M. SALVA

LE
Savoir-Vivre
POUR LES
Jeunes Gens

PARIS

LIBRAIRIE BLOUD & BARRAL

4, rue Madame et rue de Rennes, 59

PRÉFACE

Un livre de savoir-vivre pour les jeunes gens! Mais ils ne s'en serviront jamais, se sont écriés quelques-uns; les obligerez-vous à une lecture aussi fastidieuse que celle d'un pareil travail? Il est complétement inutile, croyez-nous. Temps et peine perdus!

Un livre de savoir-vivre pour les jeunes gens! ont réclamé les autres; qu'on nous en donne un, spécialement écrit pour eux, cela manque. Que voulez-vous que deviennent tant de jeunes gens qui, du jour au lendemain, presque au sortir du collège, sont mis, par le fait même de leur situation, en contact avec un monde qu'ils n'ont ni vu ni connu jusque-là et qui, sans transition, se trouvent obligés de compter avec ses us et coutumes, sont en présence de mille circonstances demandant quelque savoir-faire pour ne pas paraître absolument dépourvus d'éducation première? Les voilà embarrassés, ces malheureux, et cela se comprend et s'explique, en face d'une invitation à laquelle il faut répondre sur-le-champ, d'une visite à faire, d'une carte à envoyer. Où chercher un conseil ? Comment agir ?

Devant cette ignorance, la plupart, avec la crainte qu'ils ont d'être ridicules, perdent les avantages naturels qu'ils auraient eus sans cela, vont à côté ou de travers quand un simple avis les aurait tirés d'un pas difficile.

C'est alors qu'un livre comme celui-ci, réclamé par le plus grand nombre, fera l'office d'un ami. On l'ouvrira au chapitre qui regarde le cas embarrassant, et, sûr de soi, on s'en ira avec les avantages de la situation.

Que ceux-là qui ont toujours vécu dans le monde ou appartiennent à des familles où l'on apprend les règles du savoir-vivre en même temps que la langue maternelle, que ceux-là s'étonnent et trouvent oiseux que l'on vienne apprendre à d'autres à tenir leur chapeau, à se moucher et à éternuer, à parler et à se taire à propos ; qu'ils rient de tant de conseils qui leur paraissent tout aussi inutiles que le serait celui de dire à un homme : mangez quand vous avez faim, buvez quand vous avez soif, cela se comprend, ce livre n'est pas fait pour eux... Est-ce si sûr que cela, cependant ?...

Beaucoup pourraient bien y apprendre la source, plus haute qu'un principe mondain, où se puisent et le vrai tact, et la délicatesse du cœur, sans lesquels les plus habiles et les mieux élevés ne sont pas assurés d'être toujours irréprochables... Peut-être ces pages sans prétention pourraient-elles leur suggérer d'utiles et saines réflexions, dont le prochain bénéficierait, car ce livre, tout modeste qu'il est, s'inspirant de la plus haute morale, fait avant tout large et grande la part qui revient à autrui, et respecte ses droits, sachant que tout repose et trouve sa véritable base sur les deux grands principes : justice et charité. Cela semble de bien grands mots dans un travail comme celui-ci; nulle part, pourtant, ils ne sauraient être plus à leur place.

Quoi qu'il en soit, si ce livre n'est pas ouvert par ceux dont nous parlons, nul doute qu'il ne puisse rendre service au plus grand nombre, plus que jamais aujourd'hui, que l'intelligence seule, sans conditions de famille ni de milieu, élève à des situations auxquelles, pour arriver autrefois, il aurait fallu appartenir à une certaine classe de la société. Au XIXe siècle, on sort des rangs. Les maréchaux de l'Empire en venaient; on sait que s'ils gagnaient les plus grandes batailles et les plus belles, ils ignoraient souvent les règles les plus élémentaires du savoir-vivre ; mais, comme autour d'eux on n'en savait pas beaucoup plus qu'eux à cet égard, on ne songeait pas à leur en faire un grave reproche. D'ailleurs, les maîtres de l'étiquette n'étaient pas encore revenus d'exil, et, d'autre part, la gloire fait passer sur tant de choses !

Mais ce siècle finissant demande plus. Nous exigeons que l'éducation s'harmonise avec la situation qu'on occupe, et nous nous sentirons toujours choqués quand il y aura dissonance entre ces deux choses.

Rien n'est donc trop minutieux ni trop simple en fait de conseils. Quand on aurait été utile au plus humble des hommes désireux de bien faire, c'en serait assez pour avoir publié ce livre.

PREMIÈRE PARTIE

PREMIÈRE PARTIE

Ce qui est de tous les temps.

Que dire de la politesse, qui n'en ait été dit cent fois? Et pourtant, comment n'en point parler encore et toujours? Elle est la monnaie courante, dont grands et petits ont chaque jour à faire usage. Chaque époque, chaque siècle la frappe à son effigie, et si sa forme change, le fond reste le même.

L'expression en peut varier avec les nations et les individus ; mais partout elle est l'échange forcé des relations entre semblables, et de leurs sentiments réciproques. Il serait intéressant d'en faire l'histoire, de retrouver à travers ses diverses manifestations quelque chose du caractère des peuples; ce serait long. Contentons-nous de reconnaître, avec la modestie et la vérité qui conviennent, que les Français sont unanimement reconnus les plus polis de tous.

Et cependant, d'aucuns prétendent que nous

avons réellement démérité de notre vieille réputation; selon d'autres, nous en vivons, en attendant qu'elle disparaisse tout à fait, et que le chevaleresque de notre caractère ne soit plus qu'un vieux souvenir.

Devant les détracteurs de notre siècle, on pourrait peut-être faire le procès de celui qu'on lui oppose comme le plus parfait dans le genre. Ce fameux XVIIe siècle, que je salue en passant comme le plus glorieux à tous égards, a eu peut-être plus de formes que de fond au point de vue qui nous occupe. Si l'on a tant vanté la perfection de ses « belles manières », c'est sans doute par comparaison avec les temps qui le précèdent; on parlait beaucoup de la chose précisément parce qu'elle était nouvelle. On sait qu'Henri IV, qui s'exprimait en soldat, n'avait pas précisément à la cour un langage très correct, des manières bien raffinées. Il se souvenait de son enfance de petit Béarnais, de sa vie d'aventures ; l'histoire a enregistré ses jurons les plus familiers et... les plus convenables. Il est permis de penser que si le prince se gênait peu, les courtisans se gênaient moins encore.

Donc, cette politesse française dont on parle tant, il ne peut en être question au temps du Béarnais, et quand le besoin commença à s'en faire sentir à des esprits plus délicats, on ne put pas s'en s'étonner parmi ce qu'on appellerait aujourd'hui le grand monde.

Tallemand des Réaux, qui professait une grande admiration pour la marquise de Rambouillet, la traitait cependant de *pimbêche,* et trouvait que cela « allait dans l'excès » parce qu'on ne pouvait prononcer de gros mots devant elle ; et les princesses elles-mêmes ne se gênaient pas pour employer constamment un vocabulaire qui n'est guère aujourd'hui que celui de M. Zola.

Il suffit du reste de lire Molière pour se rendre compte de la chose ; ses plus grossières plaisanteries faisaient les délices d'un public que l'on se plaît à nous donner comme le plus délicat, et excitaient les rires de la cour la plus accomplie de l'époque. Le sel gaulois était encore à gros grains ; nous préférons le sel attique.

Le salon de Rambouillet faisait son œuvre cependant, malgré les critiques qui ne manquent jamais aux entreprises courageuses, et les Précieuses, avant d'être ridicules et de tomber sous les coups de Molière, avaient opéré une véritable réforme, créé la politesse du grand siècle auquel nous renvoient les calomniateurs du présent.

A entendre ceux-ci, on croirait que la Révolution a tout emporté, et que les sans-culottes sont restés nos maîtres, que toute politesse a disparu en même temps que les perruques et les jabots.

Regardons-y de plus près avant de jeter les hauts cris et de condamner notre siècle. Ce que nous avons perdu en étiquette, peut-être l'avons-nous regagné en délicatesse.

Il est vrai que dans ce temps d'électricité et de vapeur on n'a plus le temps des profondes révérences, des saluts répétés et des longues périphrases ; mais rien n'empêche de faire entrer beaucoup de respect dans un simple coup de chapeau, infiniment de grâce dans une légère inclination, d'amabilité dans un serrement de main. On peut mettre des nuances dans les choses les plus simples et les plus rapides.

Mais je ne veux pas m'engager dans des comparaisons et des parallèles entre le passé et le présent ; répétons seulement que, s'il y a une politesse qui varie dans ses formes, il en est une qui subsiste et demeure à travers tous les temps ; c'est celle dont La Bruyère a dit : « qu'elle fait paraître au dehors ce que les hommes sont au dedans », — ou devraient être, — car extérieurement la politesse exprime des sentiments de bienveillance, d'intérêt, montre la crainte de déplaire, le désir d'être agréable... ce que chacun devrait posséder en réalité : la charité, la complaisance, vertus qui tiennent au cœur. La vraie politesse en vient donc, et on pourrait la définir une des formes extérieures de la charité; celui qui fait usage de celle-ci en a trouvé toutes les grandes lignes et beaucoup de nuances qu'ignoreront peut-être toujours de plus instruits sur les divers codes du savoir-vivre. Celui-là froissera rarement le prochain et évitera naturellement tout ce qui le blesse. Il pourra se tromper sur la couleur à choisir pour ses chaussettes, hésiter sur la forme d'un chapeau ou d'un manche de parapluie, se tromper même quant à celle de son gilet et de son pardessus; mais il saura offrir sa place à une femme âgée, et ne pas rester assis devant un vieillard debout.

Mais il faut avouer à notre honte, à moins que ce ne soit à l'honneur de notre goût et de notre besoin d'harmonie, qu'avec du cœur seulement on pourra parfois être ridicule, chose à laquelle il est impossible de se résigner, tandis qu'en y joignant la connaissance et aussi l'observance des principes du savoir-vivre, on fera toujours dans le monde la figure qu'exigent le milieu et les circonstances. D'où la nécessité d'un traité de cette sorte, et l'application de quelques règles qui nous font éviter de tomber dans certains travers en développant en nous le tact, et en nous affinant au point de vue des convenances.

Dans maints détails, la manière de faire les choses vaut plus que la chose elle-même : ramasser un gant, un éventail, relever un mouchoir, voilà des actions d'une banalité courante ; mais savoir remettre, présenter l'objet tombé ou oublié, voilà ce que tout le monde ne sait pas faire et ce qui classe un homme... pas dans une grande école, c'est vrai... mais dans l'opinion de certaines gens qui peuvent, un jour ou l'autre, avoir sur l'avenir d'un jeune homme tout autant d'influence que les meilleures notes d'un professeur ; car, ne l'oublions pas : à de petites causes sont souvent dus de grands effets.

Le maintien. — Le rire. — La voix.

Le maintien dénote l'homme du monde, l'homme bien élevé. Il ne doit avoir rien de relâché ni d'affecté ; le naturel ne doit point entraîner le laisser-aller, ni la retenue la raideur.

Un maintien comme il faut est un composé de simplicité, d'absence de prétentions, et en même temps de possession de soi, cette possession qui est elle-même un mélange de dignité, de calme, d'habitude du monde, de respect de soi-même et des autres.

On pourrait donc dire qu'un maintien irréprochable résulte d'une manière d'être, et est le résumé de plusieurs qualités naturelles et acquises.

Tout ce qu'on peut dire du maintien exige un correctif pour ne pas tomber dans l'exagération. En effet, il faut se tenir droit sans raideur, avoir des mouvements simples et gracieux sans afféterie, du naturel sans laisser-aller et sans brusquerie, de l'aisance sans morgue ni arrogance, de la modestie sans timidité.

Un homme comme il faut doit apprendre à marcher, à s'asseoir, à se tenir. Il ne fera pas de grandes enjambées; il évitera une allure sautillante comme une allure dégingandée. Il ne se renversera pas sur son siège, ne balancera pas sa chaise, ce qui donne aux gens nerveux l'impression désagréable qu'on va tomber, ne s'appuiera pas à un dossier trop renversé en présence de dames ou de personnes à qui il doit du respect, ne se croisera pas les jambes, ce qui est sans façon. Il ne se laissera pas tomber brusquement sur son siège, ne se lèvera pas comme un diable sort d'une boîte. Enfin, il ne rira pas trop bruyamment, et évitera, en causant, de parler trop haut, d'avoir des éclats de voix.

Le ton et la voix sont encore choses importantes. Il faut discipliner sa voix comme on le fait pour son maintien et sa démarche. On doit s'appliquer à corriger son accent. Tous les accents sont désagréables dès qu'ils sont vraiment caractérisés.

Quant au ton, il doit être, comme la tenue, un composé de naturel et de réserve, de modestie et d'assurance. Il faut surtout éviter ce quelque chose de tranchant et de sec qui fait trop souvent qu'on se méprend sur le caractère. Beaucoup de gens ont la réputation d'être arrogants, désagréables, autoritaires, parce qu'ils n'ont pas songé à surveiller les inflexions de leur voix et leur manière de dire.

J'insiste sur ce détail : il a plus d'importance qu'on ne le croit. Un ton trop vif et surtout trop tranchant blesse souvent les interlocuteurs d'une manière irrémédiable ; il ne froisse pas seulement la vanité d'autrui, mais encore les manières de voir légitimes, et jette dans les relations des germes d'aigreur et de contradiction qui n'auraient jamais existé si l'on avait parlé doucement, poliment, avec des égards pour l'opinion des autres.

Il faut encore éviter le ton acerbe, qui a l'air de vouloir soulever des querelles, le ton malveillant, qui tend à détruire la paix et l'harmonie, et le ton persifleur, que certains adoptent comme devant leur donner une réputation d'homme d'esprit, et qui n'a d'autre résultat que d'agacer les autres et de faire prendre en antipathie celui qui en use.

Mais il ne faut pas davantage adopter le ton affecté qui, sous prétexte de distinction, bannit tout naturel, et produit au moral le même effet que l'abus de l'empois.

Ne soyez pas gourmé, mais ne soyez pas familier non plus. Les gens vulgaires seuls se mettent à l'aise avec des étrangers comme s'ils les connaissaient depuis longtemps. La familiarité, si rien ne l'autorise, est odieuse, insupportable, et, plus que toute chose, elle trahit l'homme sans éducation.

Le nez. — Éternuements. — Bâillements.
Le tabac.

Il est difficile dans un livre parlant :

De omni re scibili et quibusdam aliis

de ne point traiter, fût-ce en quelques lignes, du nez. D'ailleurs, M. de Cyrano n'est point là pour s'en offusquer. C'est qu'en général cela se voit, un nez, étant le plus souvent placé au milieu de la figure; puis, cela joue un certain rôle dans la vie, on le met dedans, ou dessus, d'aucuns le fourrent partout. Très utile dans les duels à « armes blanches », puisque « l'on vous ajuste, paf! et vous ripostez, pif! » il a même du rapport avec les sentiments, car lorsqu'on ne porte pas quelqu'un dans son cœur, on prétend l'avoir dans le nez.

Je ne dis point comme le vieux vau-de-vire :

> A vous qui avez gros nez
> S'adresse ma chansonnette,

mon article s'adresse simplement à tous ceux qui ont un nez, long ou court, en trompette, en pied de marmite, en casse-noisette ou en gouttière (je n'ose point parler de ceux qui l'ont à la Bourbon, supposant qu'étant de race royale ils connaissent le savoir-vivre de naissance). Si quelqu'un de la société en est dépourvu, il peut tourner la page, n'ayant aucun intérêt à savoir qu'il est une manière correcte de se moucher.

On doit avant tout se servir pour cela d'un mouchoir, propre de préférence. Les hommes feront bien d'éviter également les mouchoirs se déployant dans les proportions d'un drapeau, et les chiffons brodés à l'usage des femmes.

On doit opérer le plus délicatement et le plus promptement possible. Certain livre de savoir-vivre du XVIIe siècle spécifie même « qu'il est convenable de se moucher derrière son chapeau (affaire de mode), et qu'il est malséant de mettre le linge dont on s'est servi à sécher sur le dos de sa chaise » !!

Cette recommandation est, je crois, inutile; puis-je en dire autant de celle-ci : « Évitez autant que possible les râclements de gorge, les respirations bruyantes; il est également incivil de renifler à la façon de certains animaux, ou d'éternuer bruyamment au milieu du plus profond silence. » Étouffez dans votre mouchoir ces manifestations intempestives.

* *
*

L'éternuement était jadis quelque chose de fort important au point de vue des prescriptions du savoir-vivre. Tous les anciens traités s'étendent non seulement sur la manière d'éternuer, mais encore sur celle dont on devait accueillir les éternuements d'autrui.

Au XVIᵉ siècle, on considérait comme chose « honnête de se tourner un petit, s'il advenait d'esternuer en la présence d'autruy », et l'on recommandait, « à l'instant après que la violence était passée, de faire le signe de la croix, et puis après d'oster son bonnet pour saluer ceux qui auraient salué ou deu saluer; car l'esternuement et le baailler prive l'oreille de sentiment. Il te faut aussi, ajoutait-on, prier la compagnie de t'excuser ou la remercier ».

La vanité, cette chose ridicule, se nichait, paraît-il, jusque dans les éternuements, car Erasme fait cette réflexion : « C'est le propre des fols et glorieux de s'efforcer à esternuer hault, et de redoubler pour monstrer ses forces. Retenir le son que la nature excite, c'est marque de folie, et attribuer plus à la civilité qu'à la santé. »

Au XVIIIe siècle, on recommandait encore de « se tourner tant soit peu de costé, de couvrir son visage avec le mouchoir, et de remercier la compagnie qui aura salué, en lui faisant la révérence ».

On voit que les bienséances commandaient impérieusement de saluer ceux qui éternuaient; on leur adressait souvent des souhaits, comme *Dieu vous bénisse*.

Certaines gens pensent que l'origine de ce souhait vient de ce que l'éternuement a été, à un moment quelconque, le prélude d'une maladie, ou qu'on l'a pris pour tel. Toujours est-il que tous les vieux professeurs de savoir-vivre recommandent instamment de saluer ceux qui éternuent.

« C'est chose religieuse, dit Erasme, de saluer celuy qui esternue. »

Ces usages sont surannés. On ne dit plus à une personne qui éternue : Dieu vous bénisse, — ni : A vos souhaits. On ne la salue pas davantage; on laisse passer inaperçu ce petit incident, absolument insignifiant, d'ailleurs. Quant à celui qui éternue, il met sa main ou son mouchoir devant sa bouche, comme celui qui tousse; il évite de faire un bruit retentissant, et ne s'excuse ni ne salue.

*
* *

Le bâillement avait aussi jadis son importance, vraiment inexplicable. Il était prescrit, si l'on ne pouvait se tourner « un petit », de mettre son mouchoir ou sa main devant sa bouche, *et de faire le signe de la croix.*

Aujourd'hui, on dissimule simplement le bâillement, qui est réputé souvent à tort pour un signe d'ennui, alors qu'il peut dénoter une fatigue, une contraction nerveuse ou un mal d'estomac.

Enfin, les anciens traités s'étendent sur certaines infirmités, comme de cracher ou de... vomir ! Inutile de dire que rien de ce qui est répugnant ne doit avoir lieu devant témoins. Cracher ouvertement est une marque de mauvaise éducation. Si l'on est malade, on se retire.

Puisque nous parlons du nez, le tabac doit ici trouver sa place. Je ne dirai pas tous les maux qu'en peut amener l'abus : amoindrissement de l'intelligence, phénomènes nerveux, cancers à la langue, etc., etc.; tout cela relève plus de la médecine que du savoir-vivre, du moins dans l'acception restreinte qu'on donne généralement à ce mot, car si on le prenait dans son sens vrai, on pourrait dire que savoir vivre, c'est avant tout se bien porter, et éviter pour cela ce qui, de près ou de loin, peut porter atteinte à la santé. Au point de vue mondain, l'usage du tabac sous toutes ses formes : pipes, cigares, cigarettes, a l'inconvénient d'imprégner les vêtements et l'individu lui-même d'une odeur dont il est bien difficile de se préserver; elle persiste presque envers et contre tout chez les fumeurs enragés qui aiment mieux se passer de dîner que de fumer; leurs doigts, leur barbe tout en est saturé. Qu'il serait heureux de pouvoir préserver les jeunes gens de ces besoins factices qui deviennent de véritables tyrannies! Il suffirait pour cela d'un peu de bonne volonté de leur part au moment où ils commencent à fumer; il est vrai qu'à ce moment-là, en général, le tabac leur est un fruit défendu. Et l'on en sait l'attrait irrésistible! Le leur permettre serait quelquefois plus sage.

Autrefois un homme du monde ne devait jamais fumer devant une femme; aujourd'hui il suffit qu'il demande son autorisation, qui ne lui est jamais refusée. Les mœurs actuelles permettent de fumer même avec une femme au bras. Il est vraiment regrettable d'en être arrivé là, mais la chose est faite, il vaut mieux la subir, et en cela on cède à une nécessité supérieure ; cette tolérance se comprend sans qu'il soit besoin d'en détailler les raisons. Il y a du reste des nuances à observer dans toutes ces libertés. Un homme fumera dans les conditions que nous avons dites sur une promenade, et non dans la rue; dans une maison étrangère il ne demandera pas la permission, mais attendra qu'on lui propose. Le tact, en tout cela, donnera la mesure.

Soin et propreté.

Voilà au moins des points sur lesquels nous l'emportons indiscutablement sur les siècles précédents et le XVIIe en particulier, où nous trouvons dans les manuels du temps des détails qui nous font horreur, et des conseils que l'on oserait à peine donner au dernier des ouvriers. Aujourd'hui on se lave, les ablutions nous sont aussi familières qu'aux plus fervents enfants de Mahomet. L'eau est à la mode, l'hygiène nous la recommande sous les applications les plus variées ; il faudrait bénir le docteur Kneipp d'avoir généralisé un système qui a fait gagner en propreté, quand bien même il ne serait pas arrivé à d'autres résultats. Il n'est donc plus besoin de recommander, comme au XVIIe siècle, de se laver les mains au moins une fois chaque jour et le visage *presque aussi souvent;* cependant, beaucoup de grandes dames auraient craint d'user de ce moyen dans la crainte de s'abîmer la peau ; elles se contentaient de se promener de temps à autre sur le visage une petite éponge imbibée d'alcool.

Un auteur du temps raconte que Christine de Suède avait les plus belles mains du monde « bien que la crasse qui les recouvrait empêchât d'en voir la blancheur ». Nous n'en sommes plus là ; néanmoins, puisqu'il s'agit des mains, on ne saurait trop recommander aux jeunes gens l'entretien de leurs ongles ; beaucoup, sur ce point, ne sont pas irréprochables, et l'on pourrait leur donner ce conseil de Boileau, quelque peu détourné de son objet :

> Polissez-les sans cesse et les repolissez,
> Rebrossez-les sans cesse et les rerebrossez,

ne se contentant pas seulement de leur faire subir cet exercice matin et soir, mais autant de fois qu'il est nécessaire pour les maintenir nets et blancs. Ils ne doivent être coupés ni trop longs ni trop courts, mais légèrement en pointe ; cela, c'est un détail de coquetterie féminine, peut-être pour faire paraître les doigts plus effilés.

Une main très soignée chez un homme me fait toujours penser à une certaine délicatesse dans les sentiments et l'éducation ; je ne sais pourquoi il me semble qu'il y a entre les deux quelque corrélation.

Est-il nécessaire de dire qu'il faut éviter toute tache sur les vêtements, avoir du linge irréprochable, un nœud de cravate convenablement fait ?

Il n'y a pas de petits détails sur ce sujet, et l'on ne saurait trop recommander le soin de la personne, sans toutefois tomber dans la recherche et l'exagération.

Un homme qui semble tenir outre mesure à sa toilette est insupportable et ridicule. Il est indigne de lui d'attacher du prix à des futilités que l'on reproche même aux femmes. Il n'est rien de plus sot qu'un homme *qui aime la toilette,* met une importance capitale à porter des cravates exactement dans le ton du jour, et se croirait perdu de réputation s'il se permettait des chaussettes ou des gants non désignés par le code du grand chic.

La chevelure et la barbe demandent des soins très particuliers et constants, bien que nous ne soyons plus au temps où notre *système capillaire* nécessitait tout un corps dont les charges étaient héréditaires. Nous en avons fini avec les *barbiers barbans,* qui ne faisaient que la barbe de par un édit de 1673, avec les *barbiers peigneurs,* ayant pouvoir sur les cheveux seulement. Un seul *artiste* suffit aujourd'hui, mais il est bon de passer souvent entre ses mains ; si un homme ne porte pas sa barbe, il devra se raser tous les jours s'il veut être soigné, et ne pas dépasser deux jours, s'il ne veut pas paraître tout le contraire ; mais en cela comme en beaucoup d'autres choses, mieux vaut prendre l'habitude la plus stricte ; on arrive à se faire la barbe tout aussi facilement qu'on se lave les mains.

Si on la porte longue, elle doit être peignée, lavée, soignée, et il n'y a pas d'excès à craindre sur ce point.

En général, les cheveux coupés ras sont plus virils ; il faut en cela se conformer à la mode sans s'en faire l'esclave, et ne pas se faire remarquer à dessein en affectant de porter les cheveux longs quand tout le monde les a courts, ou ras comme un genou quand l'usage les demande plutôt longs.

L'ordre.

« Chaque chose à sa place et une place pour chaque chose », telle est la devise de l'ordre, cette grande et précieuse qualité. On pourrait presque la mettre au nombre des vertus, tant elle touche par maints côtés à nos rapports avec le prochain.

En effet, nous sommes rarement les seuls à souffrir ou à bénéficier d'une chose ; tous nos actes ont leur contre-coup plus ou moins fort et immédiat sur ceux qui nous entourent. Ce motif nous engage donc doublement à la vigilance.

Je parle ici moins de l'ordre matériel que de celui qui consiste à mettre dans sa vie une certaine régularité, permettant à tous les devoirs d'être remplis aux heures voulues, aux obligations d'être accomplies en temps et lieu. Mais, pour dire un mot du premier, on ne saurait croire combien l'ordre extérieur peut contribuer à mettre dans l'esprit un peu de méthode, influer sur l'existence entière, et combien il constitue une économie de temps et d'argent ; il est trop facile de le voir pour essayer de le prouver par de nombreux exemples.

Un vêtement que l'on soigne, que l'on ne jette pas dans un coin après l'avoir quitté, que l'on porte seulement dans les circonstances pour lesquelles il a été fait, sera d'un usage beaucoup plus durable que celui que l'on ne se sera pas donné la peine de ranger, que l'on aura mis indifféremment soir et matin, par tous les temps, lorsqu'il devait avoir les honneurs de l'après-midi et des visites. Il en est de même pour tous les objets ou les meubles, pour le linge aussi, trop facilement gaspillé. Un peu soignées, nos affaires se garderont indéfiniment ; maltraitées, il faudra les renouveler avant le temps.

Voilà pour l'économie proprement dite. Quant à celle du temps, — qui est de l'argent, disent les Américains avec raison, — il en va de même ; si vous avez une place pour chaque chose et que chaque chose soit mise à la place voulue, vous n'aurez jamais à chercher, vous irez droit, les yeux fermés, à l'objet qui vous est nécessaire, et éviterez ainsi de perdre des instants précieux.

Ne laissez jamais, surtout si vous êtes à l'hôtel ou chez des étrangers, vos lettres particulières ou votre menue monnaie à traîner : c'est tenter inutilement la curiosité et la cupidité des domestiques.

Il entre encore dans l'ordre le plus élémentaire

de marquer exactement sa dépense. Sous prétexte souvent qu'on n'a pas à disposer de grosses sommes, et que les nécessités de la vie en règlent presque exclusivement l'emploi, on ne marque rien, se contentant d'enregistrer dans sa mémoire ; mais la mémoire manque à un moment donné, et, très étonné de n'avoir pas ce qu'on croyait, d'être à court sans se rendre compte du pourquoi, on soupçonne quelquefois, très souvent même, l'honnêteté d'un domestique. Si l'on est négligent pour de petites sommes, on le sera pour de plus grandes ; tout se tient. Ce point est d'une importance extrême : marquez vos dépenses.

Autant que possible, payez tout de suite chez vos fournisseurs, sans laisser les notes s'allonger indéfiniment, d'autant plus qu'il est si facile de tromper un jeune homme, de marquer une paire de gants ou d'épaulettes qu'il n'a pas prise ! Et après quelques mois, le contrôle est impossible.

Évitez d'emprunter, je dirai non seulement des petites sommes, mais surtout peut-être celles-là ; on oublie trop souvent de les rendre parce qu'elles ne pèsent guère. Il y a des gens qui n'ont presque jamais leur porte-monnaie, ou n'ont qu'une pièce d'or qu'il est ennuyeux de changer, cela prendrait quelques minutes. Étant avec un ami, il est plus vite fait de lui dire : « Prête-moi dix sous... prête-moi vingt sous... paye le cocher... donne le pourboire... je te rendrai cela. »

La bonne volonté y est bien, mais là encore la mémoire fait défaut ; pour une si petite somme, l'ami n'ose pas réclamer, et il en est pour ses frais, ayant fait une politesse dont on ne lui sait aucun gré ; et c'est cela qui l'ennuie le plus. On veut bien faire plaisir, mais au moins, que celui pour lequel on se gêne s'en doute.

Il faut être sévère pour tout ce qui est le bien, la propriété des autres, si minime qu'elle soit : rendez les livres qu'on vous prête, la musique. Ayez de l'ordre dans l'emploi du temps, vous soumettant volontairement aux heures que vous vous serez fixées ; par là, la fantaisie et le caprice seront évités, la mesure sera mise dans le plaisir. L'exactitude fait partie de l'ordre ; il faut s'y habituer très jeune sous peine de ne l'acquérir jamais. Elle apprend à tenir compte du temps d'autrui ; on la doit dans la famille, à ses parents, qu'il est inconvenant de faire attendre ; elle évite les reproches, les récriminations ; un jeune homme doit être d'une exactitude scrupuleuse aux rendez-vous donnés par tout homme plus âgé ; et ce serait bien mal se faire juger au point de vue de l'éducation que de manquer à ce devoir.

Prenez aussi l'habitude de répondre aux lettres,

d'envoyer régulièrement votre carte de visite au jour de l'an ou à l'occasion d'un départ ; certaines gens se froissent si facilement d'un oubli !

Enfin, tâchez d'avoir toutes choses ordonnées dans votre vie ; ne négligez rien. C'est un devoir envers vos parents que votre manque de soin gêne continuellement, envers la société, dont l'harmonie tient à une foule de petites convenances qu'il importe d'observer, c'est enfin un devoir envers soi-même que de tenir aux règles que l'on s'impose. Cette discipline personnelle habitue à la discipline envers les chefs, que les jeunes gens ont à pratiquer s'ils veulent aller un peu loin.

Les parfums.

C'est là encore un écueil qu'il faut éviter, non seulement parce que l'abus des parfums est indigne d'un homme, mais encore parce qu'ils incommodent la plupart de ceux qui nous entourent.

Il faut bien le dire, c'est une tentation pour les très jeunes gens surtout. On passe aisément d'un extrême à l'autre. De la période où, comme écoliers, on oubliait presque ses ablutions, on arrive souvent sans transition à la recherche excessive qui épuiserait volontiers la boutique du parfumeur. Les odeurs les plus fortes, les plus pénétrantes, sont celles qui plaisent le plus. Tout est prétexte à parfums : on en oint la chevelure, on en sature l'eau, on en baigne le mouchoir, et l'on décèle ainsi sa présence à vingt mètres à la ronde, sans parler de la senteur persistante qu'on laisse après soi dans un salon.

On ne saurait trop recommander aux jeunes gens qui visent à la distinction d'éviter cet excès.

L'absence complète de parfums est l'idéal du

genre, les eaux de toilette, telles que l'eau de Cologne ou l'eau de Portugal, ne pouvant être classées parmi les odeurs. Si vous ne pouvez vous résoudre à vous passer absolument de cette recherche de goût douteuse, usez du moins de quantités infinitésimales, et choisissez des essences légères, pas trop pénétrantes, — comme la violette, par exemple ; mais, encore une fois, l'abstention est beaucoup plus virile, et plus conforme à la vraie distinction.

A propos de parfums, j'ai lu, dans un livre de savoir-vivre destiné aux jeunes filles, un trait assez piquant sur le musc, cette odeur violente, presque indélébile, qu'une mode odieuse remet de temps à autre en honneur. L'auteur déclarait l'avoir prise en grippe depuis la guerre de 1870. Il paraît, en effet, qu'on en distribuait aux soldats prussiens, dans le but de... détruire la vermine dont ils étaient dévorés. Je laisse ce fait à vos réflexions, et j'espère que le musc vous causera désormais une horreur particulière.

Le langage. — L'argot.

Nous ne demandons pas la résurrection du salon de Rambouillet ; il y a bien longtemps que Molière en a enterré tout le précieux, que l'affectation n'est plus de mode, que toute recherche a cessé de plaire ; mais si, aujourd'hui, nous n'avons pas à nous élever contre ce travers, n'avons-nous pas à nous étonner d'un trop grand laisser-aller dans la façon de s'exprimer, d'une certaine nonchalance voulue qui ne se donne même point la peine d'employer les mots nécessaires à l'expression de la pensée ? Dans notre monde, — un monde qui se qualifie de bon goût, — n'entendons-nous pas à chaque instant des phrases dans ce genre : « Tu sais, quand je suis venu pour le *machin*... j'ai trouvé *chose*... »

Un geste aide l'interlocuteur à comprendre, et, s'il ne trouve pas du premier coup, on le laisse chercher sans se donner soi-même la peine de se fatiguer le cerveau.

Les conversations sont émaillées de termes

vagues, sans aucun sens, les phrases hachées, inachevées, chaque fois que le mot ne se présente pas naturellement. Ce jeu, qui n'était d'abord qu'un genre, — assez spirituel d'ailleurs, — devient une habitude contre laquelle il est très difficile de lutter.

A ce compte-là, que deviendra la beauté de notre langue, déjà peu riche en mots, mais élégante par sa concision claire, précise, qui lui vaut le premier rang, non seulement dans les relations internationales, mais dans le monde cosmopolite?

Quoi que nous en disions, nous sommes tous responsables, et dépositaires de sa pureté et de sa belle précision.

Le « lapsus linguæ » est encore une des conséquences fâcheuses du laisser-aller dans la conversation. Je sais qu'il peut arriver à tout le monde de dire un mot pour un autre, mais une attention plus complète éviterait souvent les drôles de phrases que cela fait. Souvenez-vous de l'aventure de ce pauvre garçon qui, désirant obtenir d'une jeune fille le « oui » décidant de son sort, lui avait dit, en proie à sa vive émotion : « Mademoiselle, un mou de veau ferait mon bonheur! » Je crois que du coup il fut évincé.

Il faut, dès la jeunesse, s'habituer à une diction nette. Peut-être avez-vous une disposition à bredouiller? Habituez-vous à parler lentement, à vous surveiller envers et contre tout; si c'est un défaut physique, vous pouvez prendre quelques leçons de prononciation, et forcer votre langue à une gymnastique semblable à celle que vous feriez subir à des muscles un peu raides.

Je ne voudrais pas et je ne devrais pas, en traitant cette question du langage, avoir à parler de la grossièreté, et cependant il faut bien un instant s'y arrêter. Entre enfants on s'habitue à employer des expressions que les papas ne laisseraient pas passer sans une vigoureuse correction et même on s'en fait gloire. On devient grand, et ces propos que je ne veux pas qualifier passent dans le vocabulaire du jeune homme. Comment voulez-vous qu'il ne s'oublie pas parfois, et que les b… ou les f… ne tombent pas de temps à autre, foudroyants, dans le salon de famille. Je n'oserai pas dire que nos jeunes filles les prennent pour du grec; ces oublis sont malheureusement trop fréquents, et Vert-Vert n'aurait peut-être pas grandes leçons à leur donner. A qui la faute, sinon à vous, Messieurs, qui ménagez si peu les oreilles de vos sœurs? Et si vous saviez ce que pensent et disent derrière vous les gens sérieux que vous traitez peut-être assez irrespectueusement, mais qui, cependant, vous jugent, et se rattrapent de vos moqueries à l'heure où leurs lèvres doivent laisser tomber le mot de votre avenir !

Il faudra du temps avant que cette manière d'être passe absolument dans nos habitudes et que l'on découvre, sous ces dehors volontairement grossiers, une richesse de cœur étouffée ou tout au moins cachée par une forme plus que défectueuse.

Ceux qui ne sont pas grossiers parlent « argot ». L'argot est ce langage pittoresque et coloré tendant à devenir celui d'un certain monde qui s'appelle « chic ».

Ce genre de *grand genre,* auquel les lèvres féminines commencent à s'accoutumer, il faudrait le poursuivre à outrance, sous peine de voir notre langue française absolument défigurée. Je ne demande pas dans la conversation usuelle un langage toujours académique. Je respecte et vénère nos maîtres de l'Académie, mais l'austérité parfois monotone de leur correction ôterait à l'humour un peu trop de sa note joyeuse; cependant, ne peut-on être pittoresque, intéressant, amusant sans avoir recours à l'argot? Et si, pour nous encore, il est compréhensible, n'est-on pas en droit de réclamer pour les étrangers qui viennent apprendre notre langue et en admirer les beautés? Que voulez-vous qu'ils saisissent, par exemple, à ce billet d'invitation, s'ils n'ont fait des études spéciales et expérimentales pour lesquelles il n'existe point encore, que je sache, de professeur attitré?

Lettre d'un jeune homme chic à son ami pour l'inviter à passer quelques jours à son château.

« Mon vieux, dès la réception de ce parchemin, plante-là tes père et mère dare dare, et aboule. Nous avons au château des invités des plus rigolos, au milieu desquels tu trouverais peut-être femme ; c'est du monde pschutt, sans cela je ne t'en parlerais pas. Une famille épatante, dégoûtamment riche. Le père, vieux rasta, plus de mousse sur le caillou, mais drôle à vous en boucher une surface... La mère, sale bobine par exemple, mais rudement chic quand elle s'en donne la peine. Et puis ils ne sont plus jeunes; pleins d'espérance, par conséquent ; il y a un fils aussi, très galbeux, celui-là. La jeune fille, je ne t'en dis rien, tu t'en rinceras l'œil, et si au bout de vingt-quatre heures tu n'es ni toqué ni emballé, tu n'as plus de cœur. Allons, mon petit, viens-y voir. Je te la comprime affectueusement.

« M...

« *P.-S.* — Nous pourrons chasser le matin ; les dames pioncent jusqu'à onze heures ; on ne les voit qu'à midi pour le déjeuner. Encore une fois, je te pince la cuiller. »

Traduction pour un étranger qui n'ambitionnerait pas d'être un jeune homme chic, mais seulement bien élevé.

« Mon cher ami, prends le train dès la réception de ce billet, et arrive au plus vite, car le château peut t'offrir dans le moment les hôtes les plus amusants et les plus intéressants, parmi lesquels tu trouveras peut-être la femme de tes rêves. Une famille étonnante, immensément riche. Le père, un vieux beau, chauve absolument, mais des plus amusants causeurs; la mère, une figure désagréable, mais charmante lorsqu'elle veut s'en donner la peine. Ils ne sont pas jeunes; ce renseignement te sera utile, à toi qui t'épouvantes d'une belle-famille. Il n'y a qu'un fils, très correct. Quant à la jeune fille, je ne t'en dis rien, c'est jouissance d'artiste de la regarder. Si tu n'en deviens pas fou au bout de vingt-quatre heures, je te déclare de glace. Allons, viens juger par toi-même. Adieu, je te serre affectueusement la main.

« M...

« *P.-S.* — Nous serons libres le matin, les dames dorment jusqu'à onze heures, on ne les voit qu'au moment du déjeuner. Encore une fois, je te serre la main. »

Conversation.

On dit que l'esprit de conversation est né en France, que, dans nul autre pays, il ne s'est plus heureusement exercé. Les salons d'autrefois ont eu une renommée européenne ; je veux bien croire que ceux d'aujourd'hui mériteront quelque réputation aussi... Souvent la Renommée n'embouche sa trompette qu'après coup... Nos enfants entendront donc peut-être vanter notre esprit d'aujourd'hui. En attendant, il faudrait pouvoir recommander à chacun d'apporter dans la conversation beaucoup de verve, de spontanéité, d'à-propos, de légèreté. Mais de toutes ces qualités chacun n'a pas qui veut, et ne pouvant avoir ce que l'on souhaite, il faut se contenter de ce que l'on a, ou de ce que l'on peut avoir et acquérir avec un peu de bonne volonté ! S'il ne dépend pas de nous d'ajouter à la conversation un grain d'esprit (et il est bon de ne pas essayer, car l'on sait que l'esprit qu'on veut avoir gâte celui qu'on a), on peut du moins retrancher tout ce qui n'est pas d'une parfaite éducation, et, à défaut d'autre chose, briller au moins par là. Avoir le tact de ne jamais dire ce qui blesserait une personne présente, de taire toute vérité froissante, tout propos ne convenant pas au genre de société dans lequel on se trouve, toute parole trop risquée, tout mot leste, c'est déjà suffisant pour mériter quelque éloge. Évitez les expressions à double sens qui amènent des sourires équivoques sur les lèvres de quelques-uns; ne vous penchez jamais à l'oreille d'autrui pour chuchoter, on pourrait croire à quelques remarques désobligeantes; ne parlez pas trop de vos affaires, de vos occupations, vous risqueriez d'être seul intéressé au sujet, mais, au contraire, écoutez les autres. Savoir écouter, quel art! On vous le dit dans un autre chapitre.

*
* *

On reproche aux femmes leurs bavardages; mais combien d'hommes, sur ce point, sont femmes, et pourraient avantageusement lutter avec elles! Ils s'amusent à mille niaiseries, colportent d'un salon à l'autre les petits cancans, sont les premiers à annoncer une nouvelle qui n'est rien moins que politique ou scientifique; il s'agit souvent du chapeau de Mlle X..., de la jupe de Mlle Z...; pour peu ils vous apprendront le prix de l'un, la couturière de chez qui l'autre sort. Est-il besoin de dire la sottise de tels hommes, le mépris que les gens sérieux ont le droit de manifester pour des esprits assez frivoles pour attacher du prix à des futilités tout au plus permises aux femmes ? Ce n'est pas qu'ils nient le droit de s'intéresser au costume en général, à l'*habillement*. Il peut y avoir là une question d'esthétique, et je dirai même à cet égard que la mode venant à imposer ses caprices les plus bizarres, les plus contraires à tout art, à toute grâce, il serait bon que les hommes en soulignassent les ridicules... adoptés le plus souvent pour dissimuler la difformité physique de quelque personne *chic* qui veut lancer une mode.

Mais, pour en revenir au bavardage dont nous parlons, il faut dire qu'il conduit fatalement aux petites médisances, aux grandes quelquefois, les pentes étant toujours glissantes quand il s'agit du prochain, au dénigrement, à l'indiscrétion. C'est si tentant de dire ce que l'on sait, ce que les autres ignorent, de montrer que l'on pénètre les mobiles de certains actes, que l'on fait preuve de perspicacité ! Enfin, l'on tombe dans le vulgaire *potinage*. C'est odieux pour un homme. Ce n'est pas là l'esprit de conversation tel qu'on l'entendait il y a un demi-siècle et plus, alors que des femmes intelligentes, sans être bas-bleus, et des hommes supérieurs, sans être pédants, se réunissaient pour toucher ensemble à tous les sujets qui ont droit d'intéresser ceux dont l'instruction et l'éducation ont fait des êtres privilégiés.

La tenue à l'église.

Si le sentiment religieux (ce qui serait profondément regrettable) n'était pas assez vif pour obliger au respect du lieu saint, les lois du savoir-vivre et les convenances seraient encore suffisantes pour obtenir une tenue correcte. En dehors même des impressions pieuses, un homme bien élevé respecte la maison de la prière, et se garde de troubler ceux qui s'y trouvent.

C'est surtout lors des mariages que des gens même religieux ne se font nul scrupule d'échanger des réflexions, et de se tenir comme dans un salon ou une salle de théâtre. On tourne la tête de tous côtés, on regarde à droite et à gauche, on se balance sur sa chaise, on cause surtout, et l'on rit avec ses voisins, ce qui est absolument inconvenant. Se tenir dans la maison de Dieu avec une désinvolture qu'on n'oserait pas montrer chez la plus humble de ses relations, c'est manquer à la fois à toutes les lois du respect et de la logique. Inciter à causer des personnes qui répondent par faiblesse ou par scrupule de politesse, mais qui seraient disposées à prier, c'est faire preuve de mauvaise éducation.

On doit également avoir une tenue convenable lorsqu'on visite une église, éviter de faire du bruit, d'échanger des remarques, d'adresser des questions à haute voix, etc.

La tenue à table.

On peut, dans certaines circonstances, dissimuler les défauts d'éducation et l'absence d'usage du monde ; mais s'il est un lieu et un moment où ces défauts s'affirment, et où il est impossible de déguiser les lacunes et les fautes de lèse-convenances, c'est certainement à table, pendant un repas.

La manière de s'y tenir, de s'y comporter, de manger, est le criterium infaillible du savoir-vivre ; c'est pourquoi il faut s'appliquer à connaître et à pratiquer les règles en usage dans la bonne société.

Peut-être dira-t-on qu'il est exagéré et même ridicule d'attacher tant d'importance à des détails, et de juger un homme sur des indices aussi puérils. Je répondrai à cela qu'il n'est pas d'occasion où les motifs qui ont inspiré ces règles et ces usages aient plus de raison de se produire, et où ils se réunissent en plus grand nombre pour révéler ce que les manières des convives ont de défectueux ou d'excellent.

Et d'ailleurs, il faut se souvenir que le savoir-vivre est toujours le résultat d'une inspiration juste, charitable, élevée. Il a toujours en vue d'être agréable au prochain, ou de ne lui être pas désagréable.

Si, dans la pratique, il ne résulte pas uniquement d'un sentiment généreux et désintéressé, il remplace du moins ce sentiment, il en déguise l'absence. Épargner aux autres de l'ennui ou de la peine, leur éviter, par des manières délicates et une extrême propreté, tout ce qui causerait de la répugnance, voilà ce qui inspire les usages généralement adoptés parmi les gens comme il faut qu se réunissent pour prendre leur repas, et voilà aussi ce qui a produit dans le service, dans les ustensiles de la table, des inventions et des améliorations de tout genre.

Il faudrait donc, à table, pratiquer la politesse qui s'occupe des autres, qui évite de se mettre trop en avant, qui est attentive en toutes circonstances, et aussi se montrer au courant des conventions plus superficielles qui ne sont pas toutes aussi puériles qu'on le penserait. En tous cas, si l'on peut rester poli et bien élevé en ignorant certaines de ces conventions, il est naturellement préférable de les connaître, le savoir-vivre en pareille matière dénotant plus qu'ailleurs, comme je le disais, l'homme distingué qui a fréquenté la bonne compagnie.

* * *

On doit arriver à un dîner à l'heure exactement fixée, ou plutôt cinq minutes avant, et jamais plus tard. Le retard a des conséquences qu'il est presque superflu d'indiquer : le dîner compromis, le manque d'égards envers les convives aussi bien qu'envers les maîtres de la maison. Arriver trop tôt a d'autres inconvénients : une maîtresse de maison peut avoir des ordres à donner, ou simplement n'être pas prête.

On est présenté à la dame que l'on doit conduire à table. Lorsque le dîner est annoncé, on va lui offrir le bras *gauche*. Dans les cérémonies, à un mariage, par exemple, les officiers offrent le bras droit, à cause de l'épée ou du sabre. Mais à un dîner, même s'ils sont en uniforme, le maître de la maison les a invités à déposer leur arme, de sorte qu'eux aussi offrent le bras gauche aux dames qu'ils conduisent dans la salle à manger.

C'est une affaire de tact de savoir quel rang prendre dans ce défilé. Si l'on conduit la maîtresse de la maison, on ne passe avec elle qu'après les autres convives. On laisse passer devant soi les dames les plus âgées, naturellement.

Quel que soit le voisinage qui vous est assigné par vos hôtes, vous devez vous en trouver ou vous en montrer satisfait. Les maîtres de la maison ont évidemment cherché à faire de leur mieux, ils se sont livrés à de laborieuses combinaisons pour accorder les nécessités de l'étiquette avec l'agrément de leurs convives, et s'ils n'ont pas réussi dans ce dernier cas, il serait mal de le leur laisser voir.

On doit être également poli envers ses deux voisines. Négliger l'une pour causer constamment avec l'autre serait mortifiant et peu courtois.

On ne parlera pas trop haut, ce qui pourrait gêner les autres ; mais on évitera aussi de parler bas, et de s'isoler d'une manière affectée de la conversation générale.

Il ne faut s'asseoir qu'après la maîtresse de la maison. On évite de rapprocher bruyamment sa chaise. On prend la serviette placée à sa gauche, on la déplie à moitié et on la met sur ses genoux. Les hommes qui l'attacheraient à leur habit, la passeraient dans leur col ou leur gilet commettraient un impair : c'est une habitude de collège qui ne sied plus quand on en est sorti. On objectera vainement que la serviette préserve les vêtements des taches : il faut s'appliquer à manger avec assez de soin et de délicatesse pour ne pas redouter les accidents de ce genre.

On prend également le pain placé à gauche : c'est une convention généralement adoptée pour éviter les confusions. On rompt son pain au fur et à mesure qu'on le mange, on ne le coupe jamais.

Le potage se prend sans bruit. Il faut, d'une manière générale, éviter de heurter contre les assiettes les cuillers ou les fourchettes. On ne soulève pas son assiette pour recueillir les dernières gouttes de bouillon, encore moins verse-t-on ces gouttes dans sa cuiller.

Pour manger le poisson, on se sert de la fourchette seule, *jamais* du couteau.

Pour découper la viande, on prend le couteau de la main droite et la fourchette de la main gauche ; on peut ensuite garder la fourchette dans la main gauche pour manger. On ne coupe pas sa viande à l'avance, mais bouchée par bouchée, et en morceaux plutôt petits. On ne ramasse pas la sauce avec son couteau, ni même avec son pain ; on y trempe sa viande, et on laisse dans son assiette la sauce qui reste. Ceci a une raison d'être : beaucoup de personnes frotteraient malproprement leur assiette, et causeraient aux autres un certain dégoût.

On ne porte jamais son couteau à sa bouche. On ne se sert jamais de son couvert pour prendre du sel, du beurre, des hors-d'œuvre ou quoi que ce soit dans un plat.

Il faut prendre les plus minutieuses précautions de propreté pour éviter de tacher la nappe, et même de salir, de couvrir de sauce son couteau ou sa fourchette. On ne barbouillera pas de sauce son assiette.

Ces détails ont tous pour objet de ne pas exciter de répugnance autour de soi. Il semblerait inutile de s'y étendre, mais le nombre de gens qui les négligent prouve le peu d'importance que, bien à tort, on leur donne ; c'est pourquoi je ne crains pas d'insister sur ce sujet, répétant que ces prétendues minuties ont leur raison d'être, et servent de base pour établir un jugement.

Un homme bien élevé se gardera encore de faire entendre aucun bruit, soit en buvant, soit en mangeant. Il s'essuie les lèvres avant de boire et après avoir bu, et ne parle ni ne boit jamais la bouche pleine.

On doit servir à boire à ses voisines, par conséquent, épier leurs besoins.

On ne parle aux domestiques, dans un dîner, que dans des cas très rares, pour leur demander, à voix basse, ce qui pourrait manquer. Lorsque le service est bien fait, ils veillent à vos besoins. Pour refuser du vin ou d'un plat quelconque, il suffit d'un geste ou d'un signe. On accepte en silence, il est superflu de remercier.

Faut-il dire qu'on ne doit dans aucune circonstance glisser dans sa poche un fruit, un bonbon, un gâteau? Eh ! il faut tout dire ! Je l'ai vu faire de mes yeux à un monsieur, sans doute père de famille, que la tendresse paternelle n'excusait pas, naturellement, et à qui sa situation sociale aurait dû défendre cette... gaminerie de mauvais goût.

Dois-je vous raconter une histoire à propos de l'habitude que certains célibataires contractent dans les pensions et les restaurants de cinquième ordre, d'essuyer leur assiette et les ustensiles de table avant de s'en servir?.. Un modeste fonctionnaire, habitué de l'une de ces pensions, est un jour invité chez son chef. En s'asseyant à table, il se met en devoir, suivant sa coutume, d'essuyer son assiette. La maîtresse de la maison l'aperçoit, et croyant qu'il a découvert quelque tache, elle jette un regard foudroyant à un domestique, qui s'empresse de changer l'assiette. Le monsieur, surpris, reprend sa serviette et frotte la nouvelle assiette. La dame devient cramoisie, et fait de nouveau un signe au domestique qui, furieux, change encore l'assiette. Alors, l'invité se penche vers la maîtresse de la maison : « Ah ! ça, Madame, dit-il avec un bon rire, ce n'est pas pour vous en faire un reproche, mais est-ce que vous m'auriez invité pour essuyer votre vaisselle ? »

Il faut noter ici en passant que, même à l'hôtel, ou n'essuie ni son verre ni son assiette, à moins qu'on ne se trouve dans un lieu déshérité et en présence d'objets réellement malpropres.

* *
* *

Un homme du monde doit connaître l'usage des ustensiles de table. Si vous en trouvez de nouveaux ou de perfectionnés avec lesquels vous n'êtes point familier, il faut regarder comment vos voisins s'en servent, et faire comme eux.

La recherche des objets qui composent le service de table est relativement moderne. Alors que nos pères possédaient une culture indiscutable et des manières raffinées sous un grand nombre de rapports, ils étaient, sous ce rapport, d'une simplicité d'habitudes qui confine parfois à la grossièreté, et le plus souvent... à la malpropreté.

Quand je parle de simplicité, je fais allusion aux

manières et aux usages seulement, car la richesse du couvert n'était dépassée que par le luxe gastronomique. Les dressoirs et la table étaient chargés de vaisselle d'or et d'argent souvent enrichie de pierreries ; les nappes étaient brodées et frangées, damassées, plissées, traînantes ; les fleurs et les lumières étaient employées avec profusion, les surtouts, les salières, les nefs étaient des merveilles d'orfèvrerie. Quant à la recherche et à la quantité des mets, elles supposent des estomacs qui laissent bien loin derrière eux nos tempéraments modernes. Le *Mercure Galant* de janvier 1680, donnant la description du banquet qui suivit le mariage de Mlle de Blois avec le prince de Conti, énumère ainsi le menu : « Il y eut trois services de cent soixante plats chacun... Le premier service estait moitié potages, moitié entrées, et le second, moitié entremets et moitié rost dont les plus grosses pièces estaient fort petites, et il y avait pour seize mille livres d'ortolans... Le troisième service était le dessert. »

Comme contraste avec cette folle profusion, la propreté était ignorée, puisqu'à la fin du règne de Louis XIV une grande dame offrit de la sauce à l'un de ses hôtes en se servant de la cuiller qu'elle venait de retirer de sa bouche.

En 1782, on ne changeait d'assiette à chaque

plat que chez les personnes de qualité. Ce ne fut que vers 1600 que l'on commença à se servir de fourchettes dans le grand monde. Les cuillers, bien que remontant très haut, ne furent répandues qu'au XIVe siècle. La femme de Louis le Hutin en possédait quarante-deux, et Charles V soixante-six, chiffre peu en rapport avec ses quatre cent quatre-vingts plats et ses deux cent quatre-vingt-douze hanaps d'or et d'argent. Montaigne se vantait de manger sans cuiller ni fourchette, et admirait la propreté des Suisses qui « ne mettent guère la main au plat ».

Enfin, les mœurs peu raffinées permirent longtemps, dans les salles où l'on mangeait, la présence des chiens auxquels on jetait des os et des restes de viande, ce qui devait produire un ensemble peu ragoûtant.

Aujourd'hui, nous avons ramené les mœurs à une juste mesure, et si luxueux que soit l'aspect de nos tables les plus brillantes, elles n'approchent pas de ce déploiement d'orfèvrerie qui distinguait celles de nos ancêtres. En revanche, nous avons réalisé des progrès sans nombre pour la délicatesse, le confort, la propreté, toutes choses ayant pour origine et pour but le respect de soi-même et des autres.

A présent, il est d'un usage général, même

dans les milieux les plus modestes, de changer la fourchette au moins après le poisson. Presque partout, on change de couvert après chaque plat. Mais cette mode, très rationnelle, n'étant point universelle, ni pratiquée dans tous les milieux, il ne faut pas laisser son couvert sur son assiette, ni même sa fourchette, sans s'être assuré qu'on en apporte d'autres : ce serait une mortification pour les hôtes, qui ne possèdent peut-être pas assez de fourchettes pour en changer à tous les plats. Tout grand prince qu'il fût, le roi Charles V n'aurait pu pratiquer ce confort, en admettant qu'on se servît habituellement de fourchettes à son époque, car il n'en possédait que onze, plus riche encore que Charles VI, qui n'en avait que trois, sans remonter à la femme du roi Charles-le-Bel qui, elle, avait… *une* fourchette, évidemment considérée comme un objet d'art.

Un homme bien élevé doit se laisser servir selon l'ordre qu'a établi la maîtresse de maison. Déranger le service sous prétexte de politesse est insupportable. Cette règle ne souffre qu'une exception : le cas où une personne âgée, placée près de vous, aurait été visiblement oubliée.

Il faut se servir avec le plus de précaution et d'adresse possible. Rien n'est plus désagréable que de voir une nappe tachée, un plat éclaboussé, une cuiller ou une fourchette glissant dans la sauce.

On prend, bien entendu, le morceau qui se trouve devant soi. Choisir, regarder une meilleure part dénoterait de la gourmandise. Un homme, pourtant, évite de prendre le morceau le plus délicat d'une volaille, même si ce morceau est placé devant lui, à moins qu'il ne soit servi dans les derniers.

Montrer de la délicatesse exagérée, éplucher les mets d'un air dégoûté, en laisser des parties sur le bord de son assiette, tout cela est un indice de mauvaise éducation. On doit manger tout ce qu'on a pris dans son assiette, même si on le trouvait mauvais, de même qu'il faut éviter de laisser son verre plein en quittant la table.

On ne met jamais le couteau aux légumes, ni au poisson.

On mange les asperges avec la fourchette, dont on se sert pour couper la partie comestible.

On ne touche jamais à un os ; une part de chair y dût-elle rester, il est absolument interdit d'y mettre les doigts.

Le couvert à dessert se compose d'une cuiller, d'une fourchette et de deux couteaux, l'un à lame d'acier, l'autre à lame d'argent, et d'une petite cuiller s'il y a des confitures. Le couteau à lame d'acier sert pour le fromage. On pèle les fruits à l'aide de la fourchette et du couteau à lame d'argent. C'est sur le bout de la fourchette qu'on pèle les quartiers de pomme, de poire, de pêche ; on les coupe ensuite en morceaux pour les manger. On pique les fraises avec la fourchette, dont on se sert aussi pour manger les petits fours et les fruits glacés. Avec la glace, on sert de petites pelles spéciales, ou bien on use de la cuiller dite à entremets.

Les peaux de raisin se déposent sur l'assiette, sans bruit, et d'une manière aussi discrète que possible, à l'abri de la main.

Certaines personnes ont l'habitude de faire à table des boulettes de mie de pain. C'est là une chose absolument proscrite par le savoir-vivre le plus élémentaire.

On doit garder à table une attitude correcte. Se laisser aller en arrière, balancer sa chaise, se courber sur la table sont des choses déplacées. On ne tient pas ses mains sous la table. On doit manger sans avidité, ni trop vite, ni trop lentement, sans faire de contorsions.

Un homme bien élevé est très sobre. Il boit de l'eau mêlée de vin ou de l'eau pure, jamais de vin ordinaire sans eau. Quant aux vins de Madère, de Bordeaux et autres, il en use avec la plus grande discrétion. Certains jeunes gens ne savent pas assez que le mélange des vins, même pris en quantité relativement minime, a de graves inconvénients et amène l'étourdissement, sinon l'ivresse, aussi bien que l'excès.

L'usage des toasts est démodé. Dans certaines occasions, cependant, telles qu'un mariage, ou dans l'intimité, à propos d'un anniversaire, d'un succès, etc., on fait revivre cette vieille habitude. En ce cas, on ne heurte pas les verres : il suffit de les soulever en s'inclinant.

Les rince-bouche sont généralement abandonnés. Il y a des maisons où l'on conserve l'habitude de placer devant les convives des bols d'eau parfumée dans lesquels on se trempe à deux ou trois reprises le bout des doigts. Si l'on vous sert un rince-bouche, apportez à la petite opération qu'il comporte la plus excessive délicatesse ; ayez soin d'éviter le bruit et de soulever le bol pour ne pas dégoûter vos voisins.

Il est inutile de dire qu'on ne se lève de table qu'après la maîtresse de la maison. On ne jette pas sa serviette derrière soi ; on la pose sur la table, et l'on a soin de ne pas reculer sa chaise bruyamment.

J'oubliais de faire une petite recommandation : Il y a des gens qui redoutent d'être treize à table.

C'est là une faiblesse que rien n'explique, et une superstition que son antiquité n'excuse guère ; mais comme ceux qui s'en préoccupent en peuvent être malheureux, on doit éviter de faire remarquer le nombre fatidique qu'ils n'auraient peut-être pas songé à constater.

*
* *

Lorsqu'on vous offre du café, il faut se servir de la pince à sucre, quelque incommode qu'en puisse sembler l'usage. On laisse refroidir son café s'il est trop chaud, mais on ne le verse jamais dans la soucoupe.

On n'y mêle ni cognac ni rhum ; c'est là une habitude plus spéciale aux cafés, mais qu'il ne faut pas importer dans les salons.

On ne doit pas prendre plus d'un petit verre de cognac ou de liqueur.

Il est de la bonne éducation de débarrasser les dames de la tasse vide qu'elles tiendraient à la main.

*
* *

L'usage permet aux messieurs de se retirer pour fumer après le repas. C'est peu sociable, peu poli pour les dames, mais il est à peu près impossible de réagir contre ce qui est si bien passé dans les mœurs. Du moins ne doit-on pas prolonger cette fugue. Si les fumeurs s'attardent au delà des bornes de la politesse, il est toujours loisible de les quitter pour rentrer dans le salon.

Quand une réunion est composée de gens bien élevés, ceux mêmes qui fument doivent s'arranger pour ne pas laisser les dames complètement seules.

La blague.

La blague ! Mot bien français ! Trouve-t-il son équivalent en d'autres pays ? Je ne sais, mais dans le nôtre, aucun synonyme ne saurait exactement le rendre ; il faut reconnaître, cependant, qu'il appartient à l'argot ; mais il a presque partout droit de passage, et s'il se glisse entre deux lèvres qui rient, on lui donne droit de cité. Blaguer, ce n'est point la même chose que mentir. Fi donc ! Mentir ! Jamais ! Mais blaguer ! Le blagueur ne prend rien au sérieux, ou du moins ne semble attacher aucune importance à ce qui en a en réalité ; il se moque du sentiment, rit de l'enthousiasme comme d'une chose surannée, tourne le dévouement en plaisanterie, met volontiers une bonne action en comédie, parodie un acte de vertu. S'il éprouve quelque émotion, il la cache sous une drôlerie, et finit par si bien rire de tout, qu'à la longue il ne respecte plus rien. Et c'est là le danger : un scepticisme d'abord affecté qui devient réel ; on cesse bientôt de croire aux choses que l'on a pris l'habitude de railler plus ou moins spirituellement ; cela dessèche le cœur. Le penchant à *tout blaguer* est naturel à beaucoup, c'est une manière d'esprit assez facile, amusante quelquefois, mais cela court les rues ; les voyous de Paris y excellent, et c'est de chez eux, je n'en doute pas, qu'elle est sortie. Elle peut s'affiner en montant, mais, au fond, elle reste même. C'est toujours, ou presque toujours, une chose qui en soi devrait être respectée, que l'on présente sous telles couleurs ou tels costumes qu'il en faut rire ; et par une association qui se fait naturellement, le fond et la forme se confondent si bien que nous ne les séparons plus, et ce qui devait nous causer une admiration justifiée nous laisse insensibles, quand une sorte de mépris ne nous en fait pas presque rougir. La blague, c'est comme la caricature, elle déforme les proportions et fait perdre les notions du juste et du beau. C'est assez, je pense, pour la proscrire au moins comme habitude.

Les jeux.

Il ne peut être ici question du jeu, de la terrible passion qui mène à la ruine, au déshonneur, et de là souvent au suicide, comme par une pente naturelle et fatale. Pour y échapper, l'on ne saurait trop se mettre en garde contre ses premières sollicitations en s'interdisant l'appât d'un gain tant soit peu fort ; on se fixe une somme qu'on ne dépasse sous aucun prétexte ; on évite les sociétés où l'on serait facilement entraîné. C'est une grande marque de caractère que ne pas suivre un jeu où l'on a été heureux ; ceux qui ne se sentent pas ce courage pourraient faire un pacte avec eux-mêmes pour ne jamais toucher une carte ou entrer dans une de ces maisons fatales où on laisse si facilement sa délicatesse et son honneur.

Dans les jeux dits de société, la première chose à apporter, c'est la bonne humeur. Sachez perdre gaiement, aimablement. Il en est qui ne peuvent se défendre d'un mouvement de contrariété quand la chance ne s'est pas déclarée pour eux ; quelque imperceptible que soit ce signe de dépit, il est de trop, et décèle un caractère difficile ou intéressé.

Ce n'est pas encore au XVII° siècle qu'il faut renvoyer pour chercher des exemples sur ce point. Aucun joueur ne se permettrait, aujourd'hui, les violences auxquelles se livraient, en présence du roi Soleil, de grands seigneurs bien connus. Madame écrit à cet égard, dans sa correspondance, quelques lignes qui nous font juger de l'éducation du grand monde d'alors : « L'un parle, l'autre frappe si fort sur la table que toute la salle en retentit ; le troisième blasphème à faire dresser les cheveux sur la tête ; tous paraissent hors d'eux-mêmes et sont effrayants à voir. » — Aujourd'hui on ne nous permettrait même pas un front assombri.

Sous Louis XV on n'avait pas fait de progrès, car les Mémoires du temps nous apprennent encore que le comte d'Osmond, quand il perdait, criait, jurait, renversait les meubles, et même, chez le duc d'Orléans, dont il était chambellan, bousculait les tables de jeu et la duchesse en personne, jetant même par la fenêtre ce qui lui tombait sous la main.

J'aime à penser que les maîtres de maison prenaient leurs précautions quand ils recevaient de tels hôtes, et faisaient enlever les porcelaines sortant de la fabrique royale de Sèvres.

Que les temps sont changés ! Disons-le encore une fois, à l'honneur du nôtre : même à Monaco, on n'assiste pas à de telles scènes, et si quelque joueur s'imaginait de manifester son désappointement à la façon du comte d'Osmond ou de ses devanciers, il serait vite rappelé à l'ordre. Mais il vaut mieux aller ailleurs faire preuve de sa grandeur d'âme.

Il est encore d'une mauvaise éducation de jouer gros jeu dans un salon ; c'est au maître de maison à fixer ce qui ne doit pas être dépassé. Il ne peut autoriser que des enjeux très limités, sous peine de gêner et d'humilier ceux de ses invités auxquels leur situation de fortune ne permet pas de perdre.

Une chose bien agréable à rencontrer chez un jeune homme, c'est le talent d'agrément. La musique y vient naturellement au premier rang ; mais n'est pas musicien qui veut. Il est d'autres spécialités plus faciles et moins coûteuses à acquérir, ne serait-ce que de marcher sur les mains ou d'imiter les cris des animaux ; il est vrai qu'elles ne sont pas d'usage dans un salon ! Le monologue, malgré l'abus qu'on en fait, est toujours une ressource, ainsi que la chansonnette comique, quand elle ne tombe pas dans la trivialité. Si vous connaissez quelque clownerie d'atelier, quelqu'une de ces bonnes scies à mourir de rire, servez-les simplement pour ce qu'elles valent, cherchant non point à vous faire

5

valoir, mais à vous rendre utile. Il est bien entendu que tout cela sera soumis à la maîtresse de maison et approprié au genre de réception ; il ne peut être question de cabrioles dans un salon où l'on viendrait en robes décolletées ; le meilleur tapis pour l'exercice en question serait une pelouse, ou mieux encore une dune sauvage.

C'est encore dans les réunions intimes où l'on joue aux petits jeux que se jugera la parfaite éducation d'un jeune homme. Il devra y apporter de l'entrain sans dissipation, une franche gaieté toujours, et se prêter de bonne grâce même aux choses qui l'ennuient.

Au jeu des petits papiers, quelques-uns cèdent parfois à la tentation de mettre une plaisanterie un peu leste, un mot trop piquant, se flattant de n'être point reconnus. Qu'ils prennent garde : des incognitos plus sérieux que ceux-là résistent difficilement à la curiosité féminine ; puis, si le sentiment des convenances ne suffit pas à arrêter un crayon trop libre, soyez sûr qu'il se trouvera un ami charitable pour révéler l'auteur, lequel sera vite désigné par les mères de familles, mis en suspicion, et ce sera bien fait.

Certains petits jeux ne sont pas à proposer dans les milieux comme il faut. Exemple : celui intitulé « des cuillers ». Un gentleman est placé les yeux bandés au milieu d'un cercle de dames assises dans un profond silence. On l'arme de deux longues cuillers à l'aide desquelles il doit, procédant par tâtonnements et déductions, reconnaître et nommer les femmes qui l'entourent. Si jamais vous vous trouvez en telle occurrence, ayez le bon goût de tricher un peu afin d'abréger la séance. Un mauvais plaisant vous indiquera bien comme truc le léger chatouillement qui, obligeant la dame à quelques petits cris, vous la fait reconnaître à son gosier de chat, de rossignol ou de coq enrhumé ; mais n'écoutez point ce donneur de conseils.

Évitez encore, une fois ce jeu fini, de mettre par distraction les cuillers d'argent dans vos poches ; le procédé manquerait de tact.

Mais c'est surtout à la campagne que se reconnaîtra l'homme réellement bien élevé. Dans un salon où il entre pour une visite, on passe quelques instants dans le convenu et les banalités des réunions mondaines habituelles ; il est en quelque sorte en scène, le programme est toujours le même, le théâtre ne change pas de décors ; mais à la campagne, où plus de liberté est de mise, chacun est soi-même, la personnalité est en jeu ; mille circonstances que ne peut prévoir « le savoir-vivre » le plus complet se présenteront, qui obligeront à une initiative, à des services échangés ou rendus.

Il faudra aller au-devant d'un désir, parer à un petit inconvénient, savoir entrer dans un détail pour aider la maîtresse de maison. Il y a de ces mille riens qui vous désignent tout de suite, vous classent parmi les hommes du monde, ou vous rangent à côté, ou vous mettent en dehors. Chercher une ombrelle oubliée, cueillir une fleur, savoir l'offrir, débarrasser une jupe d'une ronce qui s'y est accrochée, que sais-je? Ce sont là de ces choses qui n'ont en elles-mêmes aucune importance, mais, selon la manière dont il les accomplit, un jeune homme est trouvé gauche ou charmant. Et puisque nous disons que tout cela ne s'apprend pas dans les codes et les traités, il faut donc que l'instinct en soit en nous, que cela passe dans nos habitudes, nos mœurs, même. Ce n'est pas du jour au lendemain que s'acquièrent ces allures correctes, ces manières à la fois libres et réservées, simples et naturelles qui sont le suprême du bon goût et de l'éducation.

Où puiser cela, je vous le demande, sinon dans une pratique habituelle, et où s'exercera cette pratique si ce n'est dans le cercle étroit de la famille?

Le respect humain.

Un homme vraiment distingué n'aura pas de respect humain, parce que ce défaut, toujours honteux au point de vue du caractère, suppose une sotte timidité, une certaine peur des autres, et un mauvais goût que l'éducation, à défaut des principes, arrive à faire disparaître.

En dehors donc des mobiles plus élevés qui devraient toujours être invoqués, le savoir-vivre réprouve la bassesse qui déguise un sentiment ou un principe religieux, politique, moral, sous une raillerie, une critique, une indifférence affectée, une flatterie, une attitude équivoque, un désaveu odieux. Il blâme même ceux qui renient une opinion, un goût, une préférence légitimes par une lâche complaisance. Que dire de ceux qui, par une triste vantardise, se font les fanfarons des vices ou des défauts qu'ils n'ont pas, heureusement! Jamais une éducation distinguée ne permettra de ces lâchetés.

Il en est d'autres qu'on commet journellement

dans le monde, et qui consistent à désavouer ou à ignorer les parents pauvres, les amis besogneux, les connaissances mal mises ou devant faire peu d'honneur.

Ces manières d'agir retombent presque toujours en ridicule sur celui qui a la faiblesse d'y recourir. Outre qu'il est odieux de renier sa parenté, ses amitiés ou simplement ses relations dans le but misérable de conserver la considération (?) des esprits étroits, on ne trompe personne, et l'on perd dans l'estime des braves gens et des gens intelligents lorsque ces petites bassesses se découvrent. Quand on a du savoir-vivre et de l'habitude du monde, on sait bien que, dans ces occasions, le plus sûr comme le meilleur parti est d'agir droitement, et l'on sait aussi que ceux qui ne rougissent pas de leurs parents ou de leurs amis pauvres mettent les rieurs de leur côté, et ne perdent nullement, au contraire, leur part de considération.

Je ferai une observation analogue au sujet de la pauvreté. Il ne faut jamais en rougir. Non seulement on n'arrive jamais à la déguiser, non seulement on s'attire des critiques et des railleries en essayant d'en imposer aux autres, mais on manque au savoir-vivre en affichant une situation qu'on ne saurait soutenir. Il serait absurde de jeter à tout moment dans la conversation la gêne, le souci, les habitudes étroites qui sont votre lot; mais les cacher avec affectation, prétendre donner le change est indigne d'un homme sérieux et comme il faut.

La distinction.

C'est quelque chose de très vague et de très réel. Rien de plus difficile à définir; rien de plus recherché, de plus envié, si ce n'est l'argent. Et encore, beaucoup de riches d'hier consentiraient à donner la moitié de leur fortune pour posséder la distinction qui leur manque.

Il y a naturellement une distinction d'essence très haute à laquelle tout le monde ne peut viser; elle consiste tout à la fois dans un ensemble de facultés et de qualités élevées, et lorsqu'on la possède à un certain degré, elle rayonne sur l'extérieur lui-même, et communique à la manière d'être quelque chose de très spécial qui défie à coup sûr la vulgarité.

Il y a encore une distinction convenue, qui résulte de conditions toutes physiques, et dont, bien entendu, on n'est pas maître. C'est ainsi qu'on s'entend généralement pour trouver qu'un homme grand, mince, droit, portant bien la tête, ayant des traits plutôt allongés, une main fine, un pied étroit, a l'air plus distingué qu'un gros petit homme court et rond, au visage rouge, aux traits épatés, avec de grandes mains et d'énormes pieds.

Rien ne peut nous donner un extérieur autre que celui que nous a dévolu la nature, de même que nous naissons avec des facultés plus ou moins brillantes.

Mais, de même que nos habitudes d'esprit, c'est-à-dire le travail, l'élévation ordinaire des idées et des sentiments peuvent développer notre valeur et nous donner une plus haute distinction intellectuelle et morale, de même nos habitudes extérieures nous communiquent à la longue, dans une mesure très appréciable, une distinction ou une vulgarité plus ou moins grande.

Je me hâte d'expliquer cette théorie, car je ne parle pas seulement ici des manières, qui peuvent toujours s'acquérir, se corriger, se policer, et qui sont communes ou distinguées, selon qu'elles sont ou non conformes aux règles du savoir-vivre et de la politesse; je parle dans une certaine mesure de l'extérieur lui-même, ou du moins des allures qui le perfectionnent, ou qui remédient à ce qu'il a de défectueux. Ainsi, le maintien agit sur la taille; l'attitude corrige le laisser-aller. Le calme, la possession de soi-même conservent aux traits eux-mêmes une sorte de tranquillité, d'harmonie. Les gestes, surtout, influent considérablement sur cette manière d'être ; ils doivent être sobres, rares, et leur à-propos ou leur exubérance contribuent pour la plus grande part, peut-être, à donner ou à corriger l'air commun. Enfin, la manière de rire a son importance, et la manière de parler suffirait presque, à elle seule, à faire oublier des défauts physiques et un extérieur fâcheux. En outre, le mode d'émission de la voix a son influence sur la forme même des traits inférieurs du visage.

On peut donc dans une grande mesure acquérir la distinction, et comme elle constitue un des avantages les plus prisés dans le monde, comme, d'autre part, elle est jusqu'à un certain point le résultat de qualités estimables, il faut y viser de bonne heure, d'autant plus qu'on ne peut y arriver qu'à la longue.

La pose.

Je ne sais qui disait que le naturel est aujourd'hui si rare qu'il étonne, lorsqu'on le rencontre, à l'égal d'une excentricité.

Jadis, les gens qui voulaient se faire remarquer étaient *affectés,* comme on disait alors. Mais cette affectation consistait à paraître non pas précisément autrement, mais mieux qu'on ne l'était. On exagérait certains dehors honorables ou flatteurs; on *posait* alors pour la bonne éducation, les manières polies, le beau langage, la recherche de la tenue, etc., etc...

Aujourd'hui, on ne s'inquiète pas de paraître mieux qu'on est : on veut attirer l'attention, et cela à tout prix. Le genre de pose dépend donc de l'humeur, du caractère, ou simplement de la fantaisie de chacun. Mais la tendance de l'époque est plutôt de paraître pire qu'on ne l'est, et vise particulièrement à l'excentricité.

C'est ainsi que l'un posera pour fumer à l'excès, un autre pour franchir à pied ou à bicyclette des distances déraisonnables, un troisième pour aimer le genre de peinture dont tout le monde se moque, un quatrième pour porter des vêtements d'une forme à part, une longue chevelure, un autre, enfin, se targuera d'être incompris.

Tout ceci serait encore ou simplement puéril, ou relativement innocent. Mais que dire de ceux qui posent pour boire avec excès, et qui s'y entraînent, de ceux qui, pour se faire remarquer, méprisent hautement tout travail, de ceux qui se font le champion de tel écrivain immoral, de telle opinion fausse et détestable! Car il n'est pas d'excès où la passion de la pose ne puisse entraîner un esprit faible et imbu de vanité.

Soyez donc persuadés que la pose, qu'elle soit fâcheuse et regrettable, ou simplement vaine et ridicule, est contraire aux bonnes manières, à la distinction, au savoir-vivre. Si vous avez absolument besoin d'être remarqués, eh bien! je le répète, soyez naturels; ce sera un moyen sûr de réaliser votre désir.

En bloc.

N'offrez jamais votre photographie sans qu'on vous la demande, cela paraîtrait fatuité ou sottise, mots à peu près synonymes. Si l'on tient à avoir votre image, on saura vous le dire sans qu'il soit besoin que vous preniez les devants.

Demander à quelqu'un son portrait est souvent une indiscrétion ; il faut être lié très intimement pour se le permettre.

Ne jugez jamais sur les apparences ; il est banal de répéter qu'elles sont trompeuses, et cependant on s'y laisse toujours prendre. C'est souvent excusable, mais plus amusant pour ceux qui font la méprise que pour ceux qui en sont l'objet... à moins cependant que vous ne preniez un domestique pour un député, une marchande de légumes pour une grande dame ; mais en général c'est plutôt le contraire qui arrive.

Pour demander un renseignement à un gardien de la paix ou à toute autre personne, soulevez toujours votre chapeau ; un service rendu, quelque minime qu'il soit, vaut toujours un remerciement.

Beaucoup entrent dans un bureau de poste ou autre, s'adressent aux employés sans cette marque légère de politesse : qu'ils ne s'étonnent pas de rencontrer des gens grincheux. De ce qu'ils sont payés pour faire leur service, il ne s'ensuit pas qu'on ne leur doive rien. Il suffit de si peu de chose pour rendre les gens contents ou meilleurs! Pourquoi n'avoir pas toujours à distribuer autour de soi cette menue monnaie qui s'appelle politesse, charité, bienveillance, amabilité?

Évitez les grands gestes, un ton désordonné, le flux de paroles. On est facilement ridicule par trop d'expansion. La sobriété en toute chose sera toujours la marque d'un homme bien élevé; cela n'exclut point la gaieté et un aimable laisser-aller.

Ne jetez pas à terre les cendres de votre cigare dans un appartement où vous pouvez trouver des récipients exprès pour les recevoir.

Au théâtre ou dans un salon, ne fredonnez pas à demi-voix l'air qui se joue ou se chante, et n'achevez pas les phrases de l'acteur pour montrer que vous n'en êtes pas à votre première représentation. Rien n'est agaçant comme cette manie ; elle suffit à troubler le plaisir de vos voisins.

On doit employer en parlant les formules les plus polies; on ne dit pas : Donnez-moi cette chose, faites ceci, mais : Auriez-vous la bonté... voudriez-vous être assez aimable... etc.

Certaines expressions sont surannées. On ne dit plus *l'avantage* pour *l'honneur* ou *le plaisir*. On dit : jouer du piano et non : toucher du piano ; une voiture et non un équipage ; Paris et non la capitale.

Chose généralement ignorée, on ne doit pas dire du Bordeaux ou du Bourgogne pour du vin de Bordeaux, du vin de Bourgogne. Il est passé en usage cependant de dire du champagne, quoique le mot *vin* de champagne soit toujours plus correct.

DEUXIÈME PARTIE

DEUXIÈME PARTIE

Le respect.

On dit qu'il se perd, et l'on n'a pas tort. C'est du reste la raison pour laquelle la politesse elle-même tend à disparaître, car la politesse est basée sur le respect, — le respect des prérogatives, des droits, des convenances.

La disparition des sentiments entraîne naturellement la disparition des formes et des formules ; l'indépendance dans laquelle on s'établit vis-à-vis d'autrui produit le laisser-aller des manières.

Ce livre n'est pas un traité de morale. Je ne songe nullement à écrire un chapitre sur le fond même du respect et sa nécessité ; je n'ai pas l'idée d'évoquer en un exposé savant les traditions de l'antiquité, de Lacédémone à Rome, en passant par les idylles de ces intéressants sauvages qui se rassemblent pieusement autour des vieillards pour allumer le calumet de paix ou déterrer la hache de guerre, et qui témoignent leurs égards à leurs parents en mettant fin à leurs jours pour leur éviter les infirmités de la vieillesse. Mais je resterai dans mon cadre, et vous dirai tout prosaïquement qu'un homme bien élevé pratique le respect, et que, ne l'éprouvât-il pas, il devrait le témoigner en toute circonstance à ceux qui y ont droit.

Naturellement, les nuances de ce respect varieront. L'expression en sera différente selon l'âge, la situation, les cas particuliers qui se présentent. On objectera peut-être qu'il y a des gens qui ne sont pas respectables. Mais il faut distinguer ici ce qui est dû personnellement aux gens, ce qu'ils méritent de par leur valeur, leurs qualités, de ce qui tient à leur âge, à leur position, à la situation spéciale où ils se trouvent.

Ainsi, lorsque vous témoignez des égards à un vieillard, il se peut qu'il ne les mérite pas par ses vertus ou sa respectabilité; mais son âge les réclame, et c'est la vieillesse que vous respectez en lui.

La politesse exige donc, non seulement le respect des *personnes,* mais celui des choses qu'elles représentent et identifient, et c'est à quoi un homme bien élevé ne manque jamais.

Ce principe me rappelle une petite histoire que je ne donne pas comme exemple, mais qui est l'exagération d'un sentiment louable.

Une dame charitable, s'occupant assidûment de bonnes œuvres, avait obtenu l'admission dans un asile d'une vieille femme très pauvre, qui joignait, hélas! à sa misère le vice de l'ivrognerie. Le jour venu, sa protégée était dans un état lamentable, et la dame la fit monter sur le siège de sa voiture, pour la conduire dans le refuge choisi. Le cocher, qui avait l'habitude d'être extrêmement poli vis-à-vis du sexe faible, regardait avec inquiétude cette malheureuse, qui se balançait près de lui, et dont la stabilité était fort compromise. Tout à coup, il se retourna vers son maître, qui surveillait le départ d'un air amusé : « Si Monsieur veut bien m'y autoriser, je prendrai la liberté d'attacher *Madame* sur son siège... C'est dans l'intérêt de *Madame*... »

Sans pousser les égards jusque-là, vous devez être respectueux envers les femmes, aussi bien qu'envers les vieillards, envers les professeurs, envers les supérieurs, envers les parents.

Dans un vieux traité du XVIᵉ siècle, on trouve à propos du respect cette réflexion, qui est toujours d'actualité : « Que l'enfant ne dise jamais ainsi : « *Que ay-je affaire d'ung que je ne cognais point? Que ay-je affaire d'ung qui ne me feit jamais bien?* » Cest honneur n'est point faict à ung homme, non aux merites et bienfaicts, mais à Dieu... Celluy qui previent à faire honneur à son pareil ou à moindre que luy, il n'en est point pourtant fait moindre, mais plus civil, et pour ce plus honorable. »

Jadis on considérait même comme un manque d'égards un maintien négligé, et le respect exigeait qu'on prît garde à ses manières, à sa tenue même, aussi bien qu'au ton de ses paroles. Il y avait une façon spéciale de tenir son bonnet devant ses supérieurs, de diriger ses regards, de commander même à sa voix. Sans entrer dans des détails puérils, et sans observer des formalités surannées, il est évident qu'il existe toujours un maintien, des manières, un ton respectueux, et que tout homme bien élevé doit s'appliquer à les garder soigneusement.

Avec les ecclésiastiques et les religieux.

Le sentiment religieux inspire tout naturellement des égards pour les ministres de Dieu et pour ceux qui se sont voués publiquement à son service. En dehors même de ce sentiment, tout homme bien élevé leur témoigne en toute occasion le respect auquel ils ont droit.

Jadis, quand on ne rougissait pas de sa foi, et que les mœurs étaient franchement chrétiennes, on saluait les prêtres et les religieux que l'on rencontrait, même s'ils étaient inconnus, marquant ainsi qu'on honorait leur qualité et leur habit.

Cette coutume existe encore dans beaucoup de campagnes, et même dans certaines villes. On doit du moins saluer le premier les ecclésiastiques que l'on connaît, fussent-ils plus jeunes que vous ; à l'occasion on fait passer devant soi ceux même que l'on ne connaît pas, et en toute circonstance, on leur fait honneur et l'on se montre poli et respectueux.

Quand on écrit à un prêtre ou à un religieux,

on lui exprime son respect en terminant. Même si l'on est plus âgé que lui, on emploie cette formule, parce que c'est le sacerdoce qu'on honore en lui.

Enfin, quand on reçoit un ecclésiastique, on lui donne la place d'honneur. Si les autres hôtes s'en offensaient, ils se montreraient mal élevés et ignorants des convenances, et il n'y aurait pas à s'inquiéter de leur opinion.

Avec les vieillards.

C'est une des notes caractéristiques de la jeunesse actuelle, une des *poses* modernes, comme on dit, de dédaigner la vieillesse, d'en rire, et surtout de s'en éloigner.

Peut-être, direz-vous, en a-t-il toujours été ainsi. Peut-être, même dans ces fameuses républiques antiques dont on célèbre les lois, si respectueuses des vieillards, y avait-il plus de théorie que de pratique. Mais il est certain, cependant, que l'éducation moderne donne à la jeunesse un sentiment exagéré de sa valeur, et la dispose à préférer sa science et son jugement à l'expérience d'autrui. Et d'autre part, la même éducation moderne développe l'égoïsme, l'amour de son propre plaisir, et rend incapable de s'imposer une contrainte ou un ennui près des gens âgés qu'on juge dépourvus d'entrain et d'agrément.

Ne croyez pas que je fasse le procès de mon temps. J'aime la jeunesse, elle m'intéresse d'autant plus que les ferments généreux qui sont en elle semblent s'agiter et la soulever en ce moment. C'est justement pour cela que je voudrais la voir secouer les conséquences regrettables de certains faits.

Je disais que l'éducation moderne rend outrecuidant. Elle effleure tout. Les gens vraiment instruits haussent les épaules en constatant quelle faible teinture, quel mince placage il y a dans cet étalage de sciences. Mais il suffit que le programme soit surchargé et qu'on l'ait, à un moment, à peu près possédé à la façon d'un perroquet, pour s'imaginer qu'on a un bagage d'instruction merveilleux, une valeur considérable ; et, fort de ce qu'on a cru apprendre (et qu'on a probablement oublié), on se juge préparé pour la lutte de la vie, assuré du succès, et surtout pourvu d'expérience à l'égal de ceux qui ont fourni une longue carrière. Se trouvant supérieur à ses devanciers, on a une tendance à les traiter en antagonistes. Ils faisaient ceci? Nous, nous faisons cela. Ce que notre mérite extraordinaire approuve et décide est naturellement préférable aux vieilles routines de ceux qui ne nous valaient pas.

Mais n'eût-on pas cette arrogance, reconnût-on la supériorité des vieillards au point de vue de la sagesse, de l'expérience, du jugement, une autre tendance de notre époque est de les éviter parce qu'on se défie de l'esprit chagrin qu'on leur suppose, qu'on les croit peu au courant des questions actuelles, qu'on redoute leur tendance à se répéter, et enfin, parce qu'ils n'ont pas l'entrain exagéré qui n'est compatible qu'avec la jeunesse, et sans lequel la gaieté semble terne ou insuffisante.

C'est cependant une des marques de la bonne éducation de témoigner aux vieillards du respect, des égards, *des* attentions et *de l'*attention.

Respectez-les, parce qu'ils n'ont pas parcouru les sentiers de la vie sans avoir souffert et pleuré. Respectez-les parce qu'ils ont connu les luttes, le travail, les fatigues. Fussent-ils, personnellement, peu estimables, honorez en eux la vieillesse, cette étape si proche de la mort.

Ayez pour eux des égards. La simple politesse l'exige; mais chez un homme de cœur, cette politesse-là n'est pas un masque, elle a une source plus profonde, et prend quelque chose de chaud dans le sentiment que doivent inspirer une longue vie écoulée et les infirmités, l'isolement, l'abandon qui accompagnent trop souvent un âge avancé.

Prêtez-leur de l'attention. Que votre manière d'être envers eux ne soit pas le tribut forcé, imposé par le savoir-vivre, mais l'amabilité vraie qui tient compte de quelqu'un, qui lui reconnaît sa place dans la société, qui s'intéresse à lui, qui l'écoute sans lassitude apparente, qui lui donne, en un mot, la satisfaction de se voir considéré.

En agissant ainsi, vous ne remplirez pas seulement un devoir fastidieux ; très souvent, vous serez récompensé par l'intérêt que vous trouverez près des vieillards. S'ils sont moroses, c'est le plus souvent parce qu'on les dédaigne et les laisse de côté, qu'on les persifle ou qu'on paraît ignorer leur existence. Ils se réchaufferont à votre contact, ils vous diront ces choses d'autrefois, près de disparaître, ces souvenirs d'un monde, d'une époque qui furent aussi brillants, aussi vivants que les vôtres, et qui eurent de plus ce cachet d'originalité qui se perd dans nos mœurs niveleuses.

Vous aurez ensuite la satisfaction de donner de la joie. Vous ne savez pas assez le prix de la jeunesse, de ce quelque chose de chaud, de gai, de frais que vous apportez avec vous. « O printemps, jeunesse de l'année ! O jeunesse, printemps de la vie ! » disent les Italiens. C'est bien une bouffée de printemps que vous soufflez au cœur quand vous condescendez à donner un peu de vous-même.

Et songez qu'un jour vous arriverez aussi à cette période que vous regardez aujourd'hui de si haut, — et, croyez-vous, de si loin. On a dit que la jeunesse ne croit pas à la mort ; elle croit encore moins à la vieillesse. Elle ne sait pas la rapidité de la vie, qui se précipite à mesure qu'elle se déroule ; elle ignore surtout que les sentiments ne vieillissent pas en proportion des années, qu'on garde un cœur jeune et sensible sous des cheveux blancs, et qu'elle ressentira à son tour une douloureuse surprise si les jeunes d'alors passent, méprisants ou insouciants, sans s'occuper d'elle.

Combien la maxime de l'Évangile est utile à tout : « Faites aux autres ce que vous voudriez qui vous fût fait ! » Oui, traitez les vieillards comme vous désirez qu'on vous traite un jour ; ayez pour eux les égards, la sympathie que vous souhaiterez lorsque, ayant lutté, souffert, et redescendant la pente sombre et austère de la vie, vous vous trouverez en contact avec une génération nouvelle.

Avec les professeurs.

On n'a pas de professeurs seulement dans son enfance. En tout cas, à tout âge, on doit les respecter.

La plupart sont respectables par leur caractère; leur science, leur talent méritent des égards, aussi bien que la part d'autorité que leur donnent cette science ou ces talents, ou l'influence qui leur a été volontairement déléguée par les parents de leurs élèves.

Ainsi, même à défaut de qualités chez un professeur, on doit encore respecter en eux le principe d'autorité et la valeur professionnelle.

Ce sont les sots et les petits esprits qui s'abstiennent de témoigner du respect aux professeurs. Tous ceux qui possèdent de l'intelligence, un jugement droit, et qui se donnent la peine de réfléchir, reconnaîtront la supériorité de leurs maîtres, s'inclineront sans peine devant eux, et s'appliqueront à profiter de leurs avis, chose qui n'est possible qu'à la condition de se montrer attentifs, assidus et dociles.

S'il s'agit de professeurs ayant pour mission de former le cœur ou l'esprit, le respect doit être encore plus accentué, parce que les maîtres représentent vraiment les parents et sont dépositaires de leur autorité. S'il s'agit de professeurs de sciences ou d'arts, il faut encore être respectueux, parce que la situation de professeur est extrêmement honorable, parce qu'ils vous rendent des services très grands, parce que souvent, enfin, leur situation représente un ensemble d'efforts, de dévouement, de noble pauvreté, de travail et de privations qui mérite l'estime et même l'admiration.

Beaucoup de gens se croient dispensés du respect envers les professeurs parce qu'ils les paient. C'est là un raisonnement fort étrange. D'abord, l'argent n'acquitte pas certaines dettes et ne vaut jamais, sachez-le bien, le savoir qui vous est communiqué, ni la peine que donnent souvent au maître une intelligence et une mémoire plus ou moins rebelles. Ensuite, le fait de recevoir de l'argent ne saurait diminuer les titres qu'on peut avoir au respect d'autrui. Le travail est profondément honorable, et l'argent qu'on gagne par ses efforts est le plus digne d'estime. Tout labeur est payé : le général, dont l'uniforme vous éblouit ou vous intimide, reçoit des appointements; l'industriel millionnaire, qui éclabousse la foule de son luxe, vend les produits de ses usines; l'écrivain vend ses livres et le peintre ses tableaux ; en quoi un professeur serait-il plus rabaissé qu'eux parce qu'il reçoit directement de votre main le prix de ce qu'il a acquis pour vous donner le moyen de gagner votre vie à votre tour, ou pour vous aider à charmer vos loisirs par les arts, l'exercice des talents?

Ce respect que vous devez aux professeurs, il faut le témoigner d'abord par l'attention. Écouter et s'efforcer de comprendre, c'est l'*a b c* des égards que méritent la science et le talent.

Il faut encore s'abstenir de raisonner avec quelqu'un qui est plus instruit que vous. Ceci est de la simple convenance.

Enfin, quelles que soient l'origine ou la situation sociale du professeur, on doit éviter de lui faire sentir une ligne de démarcation. La valeur morale ou professionnelle compense les différences sociales, et un professeur doit être traité sur un pied d'égalité parfaite dans tous les rapports qu'on a avec lui.

C'est ainsi que, dans la correspondance, on observera les règles de la plus parfaite politesse, exprimant en toutes lettres son respect, s'il s'agit d'un homme âgé ou d'un maître vous rendant de ces services que l'argent ne paie pas.

Il est évident, par exemple, que certaines leçons n'impliquent pas le respect proprement dit envers les professeurs, mais simplement les *égards :* telles sont les leçons de danse, d'escrime, de gymnastique. Il est bien certain que vous n'assurerez pas votre maître d'armes de vos sentiments respectueux, si vous avez à lui écrire. Mais pour les professeurs proprement dits, c'est autre chose.

Une autre marque d'égards qu'on doit à tous ceux qui vous consacrent du temps, c'est l'exactitude. Les faire attendre est plus qu'un défaut de savoir-vivre, c'est un défaut de délicatesse. Il faut toujours être à l'heure, et exprimer des regrets si quelque circonstance involontaire vous empêche d'être exact.

Quand c'est vous qui devez remettre les honoraires dus au professeur, vous êtes tenu de le faire avec la délicatesse que vous voudriez vous voir témoignée à vous-même en pareille circonstance. On ne dépose pas de l'argent dans la main d'un professeur ; ou bien on le lui envoie avec un mot de remerciements, dans une enveloppe cachetée, ou bien on le place près de lui dans une enveloppe non fermée.

Lorsqu'on manque une leçon, on doit la payer,

à moins d'une convention spéciale ou d'un refus du professeur. C'est de la stricte justice ; ce professeur vous a réservé une certaine heure ; à cause de vous, il l'a peut-être refusée à d'autres. S'il vous plaît de manquer une leçon pour votre plaisir, celui qui a besoin du produit de son temps et de son travail ne doit pas souffrir de vos caprices.

Le haut du pavé.

Tenir le haut du pavé est une expression passée en proverbe pour exprimer une situation prééminente. Elle tire son origine du droit qu'on reconnaissait autrefois aux gens âgés ou à ses supérieurs d'occuper le haut du pavé, c'est-à-dire le côté des maisons.

Cet usage de se déranger pour laisser un côté particulier du trottoir à ceux que l'on croise n'est plus observé que par un petit nombre de personnes, et cependant il est strictement imposé par le savoir-vivre, et dénote les gens bien élevés.

On croit volontiers qu'il y a là une tradition surannée et dénuée de motifs. Mais on se trompe; il est parfaitement rationnel de laisser *le haut du pavé* à une femme ou à une personne qu'on veut honorer, non par une vaine convention, mais parce que le côté des maisons est le plus commode, et que ceux qui s'y tiennent se voient épargner plusieurs petits désagréments. En effet, si un encombrement se produit, s'il faut descendre du trottoir, ce sont les personnes qui sont au bord qui subissent cet inconvénient. Si une voiture frôle de trop près le trottoir, une femme qui marche sur le bord s'en garera moins aisément.

J'ajoute que non seulement un homme comme il faut laisse le haut du pavé à une femme, ou à un supérieur, ou à un homme âgé, mais même qu'il descend du trottoir si celui-ci est très étroit, pour lui laisser plus de place, ainsi qu'aux personnes qui l'accompagnent.

A propos des trottoirs, il y a à faire deux remarques importantes. D'abord, à moins qu'il ne s'agisse de trottoirs très larges, il ne faut pas y séjourner en empêchant la circulation. Rien n'est agaçant comme d'être réduit à l'alternative de descendre du trottoir ou de heurter un groupe de causeurs qui ne s'inquiètent pas plus de ceux qui passent que s'ils étaient dans un salon. Puis, il faut aussi éviter, quand on est deux ou trois, d'occuper toute la largeur du trottoir et d'y établir une barrière. On doit toujours avoir souci des autres et leur ménager le moyen de passer.

Les anciens traités de savoir-vivre insistaient sur ces points. Le célèbre Érasme qui, tout grave et tout savant qu'il était, n'a point dédaigné d'écrire sur la civilité un livre, édité à Bâle en 1530 sous ce titre : *De civilitate morum puerilium*, consacre un passage aux rencontres, que le traducteur français désigne ainsi : *Des rencontres et entregent.* On y lit cette instruction : « Si tu rencontres quelqu'un en ton chemin qui, à cause de sa vieillesse, soit venerable, ou pour sa saincteté reverend, ou pour sa dignité grave, ou aultrement digne d'honneur, sois souvenant de luy ceder, de te detourner et luy faire voie, en descouvrant la teste reveremment et en ployant aulcunement (1) le genoil. »

Nos usages modernes ne demandent ni ne permettent qu'on se découvre dans la rue devant celui à qui l'on fait place, encore moins qu'on ploie le genou ; mais le principe reste le même, et nous devrions rougir, alors que nous prônons si haut notre civilisation et notre progrès, de constater certains raffinements de politesse en usage chez nos pères.

1. Aulcunement, un peu, de quelque manière.

Dans un escalier.

Un homme comme il faut salue toujours ceux qu'il rencontre dans un escalier, plus ou moins, fût-ce en soulevant légèrement son chapeau s'il s'agit d'un jeune homme ou d'un inférieur. S'il rencontre une dame ou un vieillard, il descend quelques marches ou en remonte pour attendre, sur le palier le plus proche, qu'il soit passé. Si cette rencontre arrive au milieu de l'étage, il se range contre le mur en se découvrant.

La politesse en famille.

Il n'est pas rare de rencontrer des gens qui, parfaitement corrects dans le monde, avec des étrangers, manquent, dans l'intérieur de la famille, à toutes les règles de la politesse.

Cependant, un homme *poli* l'est toujours et partout. Si l'on considère l'étymologie de ce mot, il signifie une chose dont les surfaces sont lisses, dont les aspérités ont été usées par le frottement, et qui ne produit aucun contact désagréable.

Si les manières ont été vraiment adoucies et *polies* par l'effort, l'habitude, l'usage, le frottement d'autrui, elles le sont toujours et en tout temps. Si l'on a deux façons d'agir, c'est que la politesse n'est que superficielle, ou plutôt c'est une politesse d'emprunt, qu'on prend et qu'on laisse, mais qui, n'étant pas passée en habitude, aura des lacunes et des défaillances, même quand on prétendra en faire montre devant des étrangers.

Il est absolument illogique de prodiguer dans le monde, à des inconnus, à des indifférents, souvent même à des gens qui vous sont antipathiques, un respect, une cordialité, des attentions qu'on refuse à sa propre famille, c'est-à-dire à ceux pour lesquels on éprouve de l'affection, du respect, et au bonheur desquels on s'intéresse.

Et cependant, encore une fois, la chose est fréquente. On fait payer aux siens la contrainte qu'on s'impose devant des étrangers. Cette contrainte prouve qu'on n'est pas réellement poli. Cela ne devrait pas coûter de pratiquer toujours et vis-à-vis de tous les lois du savoir-vivre ; mais cela coûtât-il, on doit faire pour sa famille ce qu'on n'a pas même l'idée d'omettre dans le monde.

Car enfin, le savoir-vivre n'exclut pas les parents, et il ne faudrait pas confondre la politesse avec l'étiquette qui, elle, est de mise avec les étrangers.

Il est évident que, dans la famille, la politesse revêt un caractère d'intimité, comme le respect lui-même s'allie avec une familiarité affectueuse. Mais elle garde ses attentions, ses égards, ses prévenances, son langage correct ; elle évite ainsi les froissements, les heurts, les contradictions qui troublent la paix du foyer domestique.

Mais, dira-t-on peut-être, si l'on a vis-à-vis de ses parents des devoirs plus hauts que le savoir-vivre même n'en comporte, quelles obligations a-t-on envers des sœurs ou surtout des frères?

Peut-être ne serait-il pas hors de propos d'insister sur ces devoirs filiaux auxquels, trop souvent, on ne s'imagine pas manquer alors qu'on se borne aux grandes lignes et à l'indispensable. Il pourrait être bon de prémunir les jeunes gens contre ce sans-gêne dans les manières et le langage qu'on croit aujourd'hui piquant d'adopter avec ses parents. Sous prétexte d'affection et de *camaraderie* (un mot et une chose fort déplacés en ce cas, par parenthèse), on renverse les barrières, on supprime les distances et, par contre, le respect. Les parents qui, par faiblesse ou dans l'espoir illusoire de conquérir la confiance de leurs enfants, se prêtent à cette sorte de nivellement monstrueux, détruisent tout simplement leur autorité et même leur influence. Mais, sans aller au fond de cette question, disons bien haut que l'excessive liberté de langage et d'allures vis-à-vis de ceux qu'on doit respecter est absolument contraire à la politesse et aux convenances. Je ne puis, pour mon compte, voir de sang-froid ce sans-gêne, cet oubli de tous égards. On soutient son avis avec une opiniâtreté absolue, on contredit ses parents en ayant l'air de les considérer comme de vieilles perruques, on critique leurs actes, on se regimbe contre leurs conseils, on leur adresse même des reproches, tout cela parce qu'on a commencé par plaisanter avec eux, par se moquer de ce qu'on appelle leurs routines ou leurs *toquades,* et par parler d'eux comme de gens qu'on a le droit de blâmer et même de ridiculiser à l'occasion.

Mais combien, parmi ceux qui pratiquent encore envers leurs parents ce respect si méconnu, se croient des devoirs vis-à-vis de leurs sœurs et de leurs frères ?

C'est ici que la brusquerie, l'entêtement, le défaut de cordialité, de complaisance, de prévenances, détruisent trop souvent l'harmonie, la paix et, à coup sûr, l'agrément d'une maison.

J'insiste spécialement auprès de tous ceux qui s'assoient au même foyer et à la même table ; j'insiste encore plus particulièrement sur les prévenances qu'un homme bien élevé doit à ses sœurs.

On éprouve toujours une surprise mêlée de tristesse à constater le peu de cas que font certains frères de ce bonheur, de cette douceur infinie d'avoir des sœurs. Mais pour qu'ils goûtent cette douceur à travers leur vie et dans toute sa plénitude, il faut qu'ils traitent leurs sœurs avec ce tendre respect, cette affection nuancée de protection et remplie de prévenances, qui accroissent et cimentent l'amitié fraternelle. Manquer de politesse envers ses sœurs, c'est laisser croire qu'on manque d'affection pour elles, et agir en homme mal élevé.

Ainsi, pour résumer ce long chapitre, il doit être bien entendu qu'il faut montrer autant d'égards à ses sœurs qu'à des femmes étrangères ; qu'on ne passe pas devant elles, qu'on les sert avant soi, qu'on leur donne ce qu'il y a de meilleur, qu'on leur rend, à l'occasion, tous les soins qu'un homme poli doit aux femmes.

Et à ce sujet, encore un détail qui ne devrait même pas être mis en question, mais qui, dans la pratique, est singulièrement mal compris. Beaucoup de jeunes gens (et même de gens âgés,) s'imaginent qu'il est superflu de saluer dans la rue leur mère, leur femme, leurs sœurs. En pareil cas, l'abstention est aussi sotte qu'odieuse. Quoi ! la vulgaire marque d'égards que vous prodiguez à tout venant, vous vous en abstiendriez envers les femmes que vous aimez et respectez le plus !

En vain allèguerait-on que le salut est chose d'étiquette, trop cérémonieuse vis-à-vis des intimes. Il n'y a pas ici d'intimité qui tienne : le respect est toujours de saison et les témoignages en sont toujours opportuns. On salue donc toujours la parente qu'on rencontre, fût-ce une jeune sœur, de même qu'on la fait toujours passer devant soi, de même qu'on lui évite les petites peines ou les petites fatigues, comme celle d'ouvrir une porte, de déposer une tasse, d'atteindre un objet qu'elle désire.

Et il y a fort à parier que l'homme qui s'est habitué à la politesse dans sa famille, à toute heure et en toutes circonstances, sera dans le monde, impeccable, sans même s'en douter, sans contrainte, sans effort, par suite d'une manière d'être, parce qu'il *sait* vivre.

En voyage.

C'est peut-être en voyage qu'on juge le plus facilement du genre d'éducation que possède un homme. C'est alors, en effet, que son véritable personnage s'affirme et se montre au naturel. S'il est égoïste, exigeant, impoli, et que le savoir-vivre ne lui ait pas appris à vaincre ces défauts, ils ressortiront dans toute leur crudité, avec tous leurs désagréments, au milieu des petits ennuis, des fatigues, des déceptions inséparables de tout déplacement, de tout voyage.

En effet, quelque plaisir qu'on trouve à voyager, et quelques conditions de confort qu'on réunisse, il y a des désappointements forcés ou des inconvénients que ne peuvent épargner les plus savants calculs. Il y a les retards de trains, les bateaux ou les voitures au complet, les wagons encombrés, les bagages égarés, les buffets mal garnis, les hôtels imparfaits, les sociétés ennuyeuses, le froid, l'extrême chaleur, le brouillard, la pluie, les spectacles manqués, etc., etc. Si l'on est d'un tempérament grincheux, on supportera mal ces petites anicroches, et l'on sera disposé à les faire payer à ses compagnons. Si l'on est égoïste, on s'efforcera de les atténuer aux dépens d'autrui, en accaparant la plus grande somme de bien-être possible, fallût-il empiéter sur celui de son voisin.

Mais, dira-t-on, justement parce qu'un voyage, qu'il soit fait par nécessité ou entrepris pour son agrément, entraîne une certaine somme de fatigues et d'ennuis, faut-il donc ajouter à ces fatigues et à ces inconvénients, en se sacrifiant au plaisir ou au bien-être d'inconnus à qui l'on ne doit rien et qu'on ne reverra sans doute jamais?

Énoncer une telle théorie serait évidemment exagéré. Chacun a le droit de sauvegarder sa part de bien-être et d'agrément; mais il y a des limites, qui sont celles du savoir-vivre, du respect d'autrui.

Tout en s'occupant de soi, on doit, par exemple, veiller à ne pas gêner les autres, et il est des cas où la bonne éducation, à défaut d'un sentiment meilleur, oblige à respecter les droits de l'âge, du sexe ou de la souffrance.

Ainsi, les notions les plus élémentaires prescrivent de lever une glace si l'air fait tousser une personne malade, ou à la baisser pour soulager une migraine ou un mal de cœur.

Un homme comme il faut doit offrir son coin à une dame. En disant ceci, je crains de prêcher dans le désert, car je ne crois pas que de nos jours on trouve un homme sur cinq cents qui en ait seulement l'idée. On est réduit à admirer celui qui cède son coin à une femme âgée ou à un infirme.

On doit éviter d'encombrer les filets. Ici encore il faut être respectueux des droits d'autrui, et ne pas empiéter sur la place réservée aux autres voyageurs.

Il faut éviter la tenue sans gêne. Certains hommes s'étendent, jettent leurs pieds par-dessus l'appuie-bras; tout cela est du plus mauvais goût; il faut rester correct, c'est du simple respect de soi-même.

Un homme bien élevé aura pour ses compagnons les attentions élémentaires dont l'occasion se présente ; il aidera à passer les paquets, surtout s'il s'agit d'une dame ; il déposera ou reprendra dans les filets les bagages qu'une femme a peine à caser ou à enlever.

Un des écueils du wagon, c'est le tabac. Si l'on veut fumer à coup sûr, il y a les voitures destinées aux fumeurs. Si l'on n'y prend point place, on dépend du bon vouloir des voyageurs.

Il est obligatoire de demander cette permission pour allumer un cigare ou une cigarette. Si les voyageurs la refusent, il n'y a qu'à s'incliner, et il est de bon goût de ne montrer aucune humeur.

Il est de mauvaise éducation de manger en wagon des aliments ayant une odeur trop forte et pouvant incommoder les voisins.

* * *

Enfin, je voudrais attirer l'attention de mes lecteurs sur deux travers insupportables qui sont, hélas ! trop fréquents, et qui classent un homme parmi les gens mal élevés.

Le premier est le sans-gêne, — ce sans-gêne brutal et mal élevé, — qui semble faire abstraction des autres voyageurs ; le second est la *pose,* la suite d'efforts, de manœuvres, de petites habiletés destinées à accaparer l'attention et, pour parler l'argot moderne, à *épater* les compagnons de route.

Vous avez tous rencontré ces deux types de voyageurs, et il suffit d'esquisser devant vous leurs traits principaux.

Le voyageur sans gêne bouscule, en entrant en wagon, les paquets, les journaux, les couvertures. Il s'installe comme s'il était seul. Il ne salue pas, il ne regarde pas même ceux qui sont près de lui, à moins que ce ne soit pour satisfaire sa curiosité par un de ces examens malhonnêtes qui agacent les hommes et fâchent les dames. Aux stations, il s'accoude à la portière sans avoir l'air de songer que d'autres peuvent désirer jeter un coup d'œil sur le quai. Il laisse monter et descendre sans regarder si une personne âgée ou infirme a peine à gravir le marche-pied. Il allume son cigare sans en requérir la permission; si on lui demande de l'éteindre, il le fait d'un geste de colère. Il ouvre ou ferme les glaces sans s'inquiéter de savoir si ses compagnons sont incommodés par la chaleur ou par le froid.

Dans les hôtels, il semble qu'il n'y ait que lui à servir. Il interpelle les domestiques, interrompt le service, fait à haute voix les remarques les plus désobligeantes, accapare le beurre, le sel, se cure les dents, piétine sur tous les usages du monde civilisé. Il se sert les meilleurs morceaux, et en abondance, sans s'occuper de ce qui reste pour les autres. Que puis-je dire encore ? S'il a un ou plusieurs compagnons, ou s'il rencontre des personnes de sa connaissance, il leur parle d'un bout à l'autre d'une salle à manger, raconte ses affaires personnelles sans se soucier des auditeurs, et même, il ne se préoccupe jamais de l'à-propos ou de la convenance de ses paroles, fût-ce devant des femmes ou des enfants.

A ce sujet, j'ai été un jour témoin d'une petite aventure qui m'a fort amusé. Deux messieurs voyageaient ensemble, installés au bout d'un wagon. Ils fumaient sans en avoir demandé la permission à une dame qui était présente, mais qui n'avait pas l'air d'être incommodée par la fumée et n'usait pas de son droit d'interdiction. Tout à coup, les deux messieurs se mirent à causer en anglais. Ils étaient parfaitement Français, et prenaient ce prétexte d'une langue étrangère pour se raconter des histoires d'un goût douteux. Mais ils n'avaient pas le monopole de cette langue, fort répandue, comme chacun sait, car je les entendais fort bien, et la dame aussi. Elle leva les yeux de dessus son livre, et dit froidement : « Messieurs, je vous demanderai de vouloir bien éteindre vos cigares, la fumée de tabac me gêne. »

Ils grommelèrent, mais jetèrent leur cigare et cessèrent de parler en anglais ; ils avaient compris qu'ils étaient punis comme des écoliers, non pour avoir fumé sans permission, mais pour avoir montré leur mauvaise éducation.

*
* *

Le second type est celui du poseur qui veut se faire le point de mire de ses compagnons de route. Tout moyen lui est bon pour attirer l'attention. Il fera l'important de mille manières, tantôt en se montrant aimable, tantôt en grognant et en se plaignant de tout. Il aura recours à des stratagèmes enfantins : il se dégantera pour montrer une bague armoriée, il ouvrira un nécessaire pour en faire admirer la monture, il révèlera dans une conversation habilement ménagée tout ce qui, dans son esprit, peut le rehausser ou le signaler d'une manière quelconque. Ses relations, sa parenté, sa fortune, ses voyages, ses domestiques, sa voiture, etc., etc., tout y passe. Il s'amuse s'il croit avoir ébloui ceux qui l'écoutent. Il a toujours, à propos de tout, une histoire en réserve. S'il mange une cuisse de poulet dur, il en prend occasion pour parler des coqs de bruyère ou des gélinottes qu'il a tués en Écosse, chez lord P..., le vieil ami de son père. S'il est cahoté dans un omnibus, il regrette très haut le huit-ressorts de sa mère, ou de son oncle, ou de son ami. Si le site est beau ou laid, il a vu mieux ou pire en Europe ou en Amérique, voire même en Océanie. Il *invente* des aventures pour les besoins de la cause, et *imagine* les goûts les plus excentriques pour exciter la surprise. Tout lui est bon pour se faire remarquer : même le ridicule.

※
※ ※

Enfin, il est une autre variété de voyageurs, qui l'emporte en odieux sur les autres : c'est le voyageur querelleur.

Vous l'avez aussi rencontré. Il s'attaque à tout et à tous. Il tonne après le matériel de la Compagnie et après les employés. Il fait des scènes aux chefs de gare, il se plaint, dans les hôtels, de tout ce qu'on lui sert. A table, il interpelle grossièrement les domestiques et déclare qu'on ne lui offre que des débris. En wagon, il est furieux de sa place, cherche querelle au voyageur qui a le coin, ou qui est censé empiéter sur l'espace auquel il a droit. Il met sa gloire à avoir le dernier mot, et a toujours à la bouche des paroles telles que celles-ci : Je paie ma place comme vous, monsieur ! — J'ai le droit de respirer comme vous en baissant la glace, monsieur ! — J'avais retenu cette place, madame !

Il va jusqu'aux grossièretés, jusqu'aux allusions malhonnêtes. Son bonheur est de terrifier les femmes qui l'écoutent, et qui voient déjà un échange de soufflets, un duel. D'ailleurs, il s'attaque surtout à des vieillards, à des timides, à des dames, même, ou à des messieurs accompagnés de leurs femmes, et que celles-ci s'efforcent de maintenir dans les limites de la modération.

Tout cela, je le répète, est odieux, et encore plus ridicule, s'il est possible.

De grâce, souvenez-vous qu'un homme bien élevé a horreur d'attirer l'attention, et encore plus horreur de se quereller. Le naturel, la simplicité, la tranquillité sont le cachet de la bonne éducation.

Savoir écouter.

C'est une des branches les plus importantes de la science du savoir-vivre. On ferait un volume sur ces deux mots. Écouter, d'abord, c'est chose si rare et, paraît-il, si difficile! Chacun aime mieux parler que laisser parler autrui; c'est plus en rapport avec ce *moi* qui veut bien choisir le sujet de ses entretiens, mais qui reconnaît de moins bonne grâce ce privilège aux autres, — qui se croit sûr de les intéresser, mais qui reste indifférent à leurs affaires, et qui, enfin, subit si mal la contrainte et l'ennui.

Cependant, un homme qui n'écoute pas perd de nombreuses occasions de perfectionnement intellectuel. On apprend souvent plus de choses dans la conversation que dans les livres, ou du moins on les apprend d'une manière différente; mais il faut, pour cela, prendre de chacun ce qu'il peut donner.

Écouter enseigne donc et perfectionne à l'occasion; d'ailleurs, c'est une obligation sociale, comme de saluer, d'écrire, de faire des visites. Toute personne qui parle doit s'attendre à l'attention d'autrui.

Mais il y a tant de manières d'écouter ! Il y a la manière distraite, d'abord, qui ne permet pas de profiter d'une conversation, et qui est une impolitesse vis-à-vis de celui qui parle. Puis, il y a la manière ennuyée, plus ou moins transparente, qui est plus impolie encore. Enfin, on voit des gens qui n'ont qu'une idée : vous interrompre ou saisir le moindre joint pour ressaisir le dé de la conversation et, n'ayant pris nul intérêt à ce que vous avez dit, pour vous imposer leurs propres idées, leurs histoires, leurs dissertations, avec la prétention un peu naïve de vous inspirer cet intérêt qu'ils n'ont pas même essayé de ressentir pour vous.

Il ne faut donc pas seulement écouter, mais savoir écouter. C'est encore un criterium de la politesse et de la bonne éducation, et chacun doit s'y appliquer s'il veut acquérir le savoir-vivre.

Savoir écouter, c'est prêter une attention non seulement polie, mais, selon la personne qui parle, respectueuse, bienveillante, aimable. Si ce qu'on dit est intéressant, on en profite ; si c'est oiseux ou ennuyeux, on s'y résigne comme à un devoir social.

Mais il n'est guère d'être, si ignorant ou si timide qu'on le suppose, qui ne puisse, sur certains sujets, nous apprendre quelque chose ou faire jaillir en nous une idée. Cela fait partie de la science d'écouter, de savoir faire parler, de mettre chacun sur le sujet qu'il possède, et c'est encore le moyen de diminuer l'ennui qu'on peut éprouver.

Enfin, *savoir écouter* doit être pris aussi à la lettre, et comprend cette patience, cette possession de soi qui laisse parler sans interrompre, qui choisit son moment pour une protestation, une rectification, une discussion, qui permet aux récits de se dérouler, aux arguments de se produire, et qui donne à la réponse d'autant plus de poids qu'elle a été moins prompte et moins vive.

J'ajouterai qu'il y une façon intelligente d'écouter, une sympathie qui encourage ceux qui parlent, une compréhension qui les satisfait.

Et savez-vous ce qui arrive ? C'est qu'on se fait ainsi, même sans la chercher, une réputation d'amabilité, et même d'esprit. Nous sommes tous instinctivement disposés à décerner un brevet d'intelligence et de jugement à ceux qui nous écoutent, nous comprennent, et s'intéressent à ce que nous disons. Beaucoup de gens qui passent pour spirituels n'ont eu d'autre peine ni d'autre mérite que de savoir écouter.

Un jour, un de mes amis m'aborde :

« Mon cher, un tel est en train de vous faire une

réputation d'homme d'esprit, de haute intelligence... » Je le regarde avec des points d'interrogation plein les yeux, cherchant à me rappeler quand et comment j'ai pu faire usage de si belles facultés. Je ne demande pas mieux que d'y croire, mais encore serais-je heureux de savoir quand et comment monsieur un tel en a saisi les manifestations. Je me souviens que je l'ai écouté une heure durant quelques jours auparavant, mais là, écouté pour de bon, étant tout yeux, tout oreilles. Il n'en faut pas davantage quelquefois pour vous poser un homme et même préparer son avenir.

Écouter, comme j'ai dit, suppose de l'intelligence aussi bien que de la politesse et du tact.

Mais, dira-t-on peut-être, n'y a-t-il pas quelque hypocrisie à feindre un intérêt qu'on n'éprouve pas?

Non certes, pas plus qu'à faire bon visage à ceux qui sont importuns. Si l'on agissait dans un esprit de flatterie, ce mobile serait regrettable; mais comme, en somme, autrui a autant de droit à notre attention que nous à la sienne, et qu'il peut prétendre à nous instruire et à nous amuser comme nous-mêmes en avons la prétention vis-à-vis de lui, nous pouvons et nous devons lui donner cette satisfaction bien légitime, bien innocente.

Et, je ne saurais assez le répéter, nous gagnerons à pratiquer ce genre de politesse. Un de mes amis, homme éminent par son savoir et ses facultés, qui habitait une petite ville et n'y trouvait pas en général de fréquentations dignes de son mérite, me disait un jour que, plus il avançait dans la vie, moins il y trouvait de gens ennuyeux. « Chacun, disait-il, est ici-bas expert en quelque chose, et peut nous offrir un profit si nous savons tirer de lui de ce qui y est. Moi, j'ai beaucoup appris de ceux que vous jugez inférieurs, en les faisant parler de ce qu'ils savent, et il est très rare qu'en traitant une question que l'on connaît bien, on soit réellement ennuyeux. »

Je vous communique cette recette, qui m'a été, pour ma part, d'une grande utilité.

Avec les inférieurs.

Le savoir-vivre enseigne aussi la manière de se conduire vis-à-vis des inférieurs.

Nous avons des devoirs envers eux, — non seulement des devoirs de justice, de bienveillance, mais encore des devoirs de politesse.

Le temps n'est plus où l'on rossait son valet. La bonne éducation n'admet même pas qu'on se mette en colère contre lui, et elle proscrit aussi bien le ton dur et impérieux que les manières familières qui, selon le proverbe, engendrent le mépris.

Cette politesse n'est pas seulement une affaire d'usage ou de routine. Elle a un mobile plus haut, d'abord dans la pensée chrétienne que tous les hommes sont frères, puis dans cette idée que les différences sociales, qui doivent être maintenues au point de vue de l'ordre et de la discipline, doivent être aussi atténuées d'un autre côté par la bonté et les égards destinés à adoucir ce qu'elles ont de pénible.

Si nous considérons, en effet, les difficultés, les fatigues, les peines auxquelles sont voués ceux que nous appelons nos inférieurs, nous serons saisis de compassion pour ces peines, et aussi du désir d'en ôter l'amertume, de n'y pas ajouter le surcroît qu'y apporteraient certainement la sécheresse, la dureté, la brutalité dans le ton et les manières.

C'est ainsi qu'un homme poli ne commandera qu'avec des formules polies. Il dira à son domestique : « Voulez-vous faire telle chose, je vous prie », et non : « Faites ceci ou cela. » Il adressera les observations avec calme, sans acrimonie, sans passion; même s'il doit être sévère, il restera parfaitement calme, maître de lui. C'est le moyen de donner plus de poids à ses paroles, et de conserver le respect que la colère ferait perdre.

Le savoir-vivre défend l'exigence, empêche de surcharger les serviteurs.

Enfin, il empêchera de demander sans absolue nécessité des services humiliants ou répugnants.

Un homme comme il faut s'abstient surtout d'exigences de ce genre envers les servantes. Se faire chausser ou déchausser par une femme de chambre est le fait d'un malotru.

La familiarité est, d'autre part, un signe d'éducation défectueuse. Non seulement elle diminue l'autorité, et ôte toute sanction aux observations, presque tout droit d'en adresser, mais encore elle autorise les domestiques à répondre, à plaisanter, à devenir eux-mêmes d'abord familiers, puis insolents. Ils ne peuvent pas, en effet, savoir quand il nous plaît de les traiter en camarades et quand cette attitude nous lasse; de plus, une telle habitude les met ou leur donne l'idée de se mettre au courant de nos affaires, et nous ne sommes pas sûrs de leurs discrétion.

Avec les servantes la familiarité est encore de plus mauvais goût.

*
* *

Les ouvriers et les fournisseurs ont droit à nos égards et à notre politesse.

Nous leur devons, d'abord, d'être exacts vis-à-vis d'eux. Leur temps vaut de l'argent, ainsi que nous le faisons remarquer au chapitre de l'exactitude.

Nous avons encore le devoir strict de les payer aussitôt qu'ils ont achevé leur travail. On ne réfléchit pas assez que les gens qui vivent au jour le jour souffrent souvent de la misère alors qu'on leur doit leur salaire. Du moment qu'on est décidé à s'acquitter, on ne se fait pas scrupule d'y apporter une négligence impardonnable. Ce retard les prive cependant de l'intérêt de leur argent s'ils désirent ne pas s'en servir tout de suite, ou, s'ils sont à court, les force à contracter eux-mêmes des dettes en attendant leur dû.

Car il faut encore remarquer qu'on place l'ouvrier dans une situation très difficile : ou il faut qu'il souffre, se prive, emprunte, ou il est obligé de réclamer le montant de sa facture. Or, il n'est pas rare de voir des gens se fâcher lorsqu'on leur demande de payer ce qu'ils doivent, et ils ne traduisent pas seulement leur mécontentement par des paroles sèches ou un accès de colère : trop souvent ils retirent leur clientèle à l'infortuné coupable d'avoir réclamé sa créance.

Si, pour une raison quelconque, on quitte un fournisseur, il est à la fois blâmable et vulgaire de raconter partout qu'on l'a laissé et de publier ses torts ou ses insuffisances. Enfin, la vie de tous ceux qui travaillent est assez pénible pour qu'on leur donne au moins la satisfaction d'être traités avec politesse. C'est ce que ne manquera jamais de faire un homme comme il faut.

Dans les magasins.

On juge souvent, et non sans raison, de la bonne éducation d'un homme d'après la manière dont il se comporte dans un magasin.

D'abord, il doit se découvrir, et garder son chapeau à la main. Un homme bien élevé, en effet, ne reste pas la tête couverte ailleurs qu'en plein air. Cependant, on fait exception pour ces caravansérails, tels que le Bon-Marché, le Louvre ou certains bazars parisiens qui sont tellement encombrés de foule qu'on ne saurait tenir son chapeau à la main sans courir le risque de le voir écrasé, et où, d'ailleurs, on circule souvent longtemps sans s'arrêter à un comptoir et sans avoir affaire aux employés.

Si l'on entre dans un magasin où il ne se trouve personne, ce qui arrive quelquefois dans les petites villes de province où, la vente n'étant pas considérable, les marchands quittent pour un instant leur comptoir, il est de mauvais goût d'appeler bruyamment, et surtout d'injurier le patron ou le commis absent.

On doit montrer une politesse scrupuleuse, et demander sans hauteur et sans raideur les objets dont on a besoin. Beaucoup de gens s'imaginent que parce que les marchands échangent leurs articles pour de l'argent, on ne leur doit aucun égard. C'est, dit-on, leur métier. Eh! vous en avez probablement un, vous aussi, ou, si vous le préférez, une profession. Que vous soyez médecin, notaire, employé de banque, de chemin de fer, de télégraphe, etc., êtes-vous satisfait quand on s'adresse à vous avec brusquerie, insolence, aigreur? Cependant, vous aussi, vous êtes obligé de répondre au public, et de le servir en échange de l'argent et des appointements que vous percevez. Si ce fait qu'on paie autorisait l'impolitesse, les rapports sociaux seraient impossibles, et les heurts, les froissements rendraient la vie insupportable à tous les degrés de l'échelle.

De par cette obligation de se montrer poli envers tous, on doit avoir égard à la peine des marchands. Sous prétexte que « c'est leur métier », il est inhumain de leur faire déplier, dépaqueter, déranger par pur désœuvrement, par caprice, plus d'objets qu'on n'en veut voir, et même alors que le choix est fait. Mais que dire de ceux qui se font montrer des marchandises avec l'idée parfaitement arrêtée de ne rien acheter?

Enfin, il faut, en passant, flétrir l'indélicatesse des gens qui font porter chez eux des articles dont ils se servent un jour ou deux, puis qu'ils rendent comme ne leur convenant pas.

Dénigrer les marchandises, soit parce qu'elles ne plaisent pas, soit parce qu'on espère les avoir à un plus bas prix, est un procédé absolument blâmable. Il est toujours pénible pour un marchand de voir critiquer les objets qu'il a choisis et qu'il croit devoir convenir à sa clientèle. On est libre de ne pas les acheter, mais il faut éviter tout ce qui est désagréable à autrui.

On a encore vis-à-vis des commerçants des devoirs de justice. Marchander au delà d'un certain point est peu honnête. Beaucoup de personnes abusent ainsi de la gêne momentanée d'un marchand, ou de la crainte qu'il peut avoir de perdre un client, pour lui faire baisser le prix de ses articles et l'empêcher de réaliser un bénéfice légitime. J'insiste sur ce point, qui tient à la délicatesse, d'ailleurs, parce qu'un grand nombre de gens se font gloire d'avoir acheté des marchandises à un prix au-dessous de leur valeur. Au point de vue du savoir-vivre, le marchandage exagéré est d'ordinaire l'apanage des gens vulgaires et des parvenus. On ne doit discuter le prix d'un objet que dans le cas où il serait vraiment taxé trop haut, ou si, dans le magasin où l'on se trouve, il est notoire qu'on a l'habitude, d'ailleurs déplorable, de surfaire.

Il faut encore éviter de chiffonner, de défraîchir les marchandises en les prenant sans précaution, ou en les rejetant pêle-mêle sur un comptoir.

Si l'on a une observation à adresser, fût-ce même un reproche, on devra garder les formes polies et le calme qui, en caractérisant l'homme bien élevé, donnent un poids beaucoup plus grand à la remarque ou au reproche.

Enfin, il est presque inutile d'ajouter une dernière recommandation à propos du mauvais goût qu'il y aurait à se montrer familier, et à chercher dans les magasins (travers qui existe parfois dans les petites villes,) des sources d'informations et de commérages.

La timidité.

Si l'arrogance et le sans-gêne sont contraires aux bonnes manières, la timidité excessive, bien que permettant d'être au fond parfaitement poli, gêne souvent les manifestations de la politesse, et empêche certaines attentions, certaines prévenances qui exigent de la liberté d'esprit et de la possession de soi-même.

« Il fault, dit Erasme, que l'enfant ait une honte qui luy donne grâce, non point qui le rend estonné. »

On peut en dire autant d'un homme, surtout s'il est jeune. Une certaine défiance de soi-même est naturelle à quelques-uns; la modestie est toujours louable, l'impressionnabilité est involontaire; mais il ne faut pas que tout cela aille jusqu'à paralyser les manières, à rendre gauche, silencieux, effacé, toutes choses qui donneraient l'apparence de l'impolitesse ou, tout au moins, de l'absolue inexpérience du monde.

La timidité peut provenir, comme je le disais,

d'une défiance exagérée de soi-même, ou d'une impressionnabilité trop vive, qui se manifeste en présence des supérieurs ou même des étrangers. Elle naît aussi quelquefois d'un orgueil exagéré, qui, attachant trop d'importance au succès et à l'opinion d'autrui, manque son but à force de préoccupations.

Chez beaucoup de personnes, la timidité atteint un degré excessif et touche à la souffrance. Celles qui sont atteintes de cette maladie, car c'en est une, savent quelle série de petites tortures leur amènent les choses les plus simples, les incidents les plus ordinaires. Affronter une nouvelle connaissance, soutenir une conversation, se rendre à une invitation, entrer dans un salon, saluer, s'asseoir, se lever, subir les regards, tout cela devient un supplice, que l'on cherche à éviter par la sauvagerie, la solitude, le mutisme.

Et que dire de ces autres occasions plus graves, telles que les examens, par exemple, où les gens timides se montrent à leur désavantage, et où leur malheureuse infirmité ne les rend pas seulement malheureux, mais paralyse leur savoir, leur intelligence, et cause souvent à leur avenir des préjudices irréparables!

Est-il donc des moyens de se guérir de cette maladie, ou de se corriger de ce défaut?

Oui, on peut l'atténuer, et même le faire disparaître à la longue, et il est pour cela deux moyens. Le premier est un certain oubli de soi qui remédie à une vanité maladive, à un orgueil secret, et même à une trop grande défiance de ses facultés. En sortant de soi-même, en évitant de se replier sur ses propres impressions, en s'appliquant à penser aux autres, à remplir envers eux ses devoirs de politesse, de respect, de bienveillance, d'égards et d'attentions, en cherchant à les satisfaire, à les distraire, à leur être agréable, ne fût-ce qu'en les écoutant, on perd peu à peu les préoccupations qui faisaient naître ou entretenaient la timidité.

Le second moyen est la fréquentation de la bonne compagnie. Non seulement cette fréquentation donne de l'assurance en rendant les manières aisées et polies, en familiarisant avec les usages du monde, mais elle use l'impressionnabilité et blase sur les petites émotions des gens timides.

J'ai connu un professeur de chant qui avait une recette à lui pour calmer les terreurs de ses élèves. « Les auditeurs vous impressionnent? disait-il. Figurez-vous donc que vous chantez devant des têtes de choux ! »

Sans avoir recours à une comparaison aussi irrévérencieuse, on peut conseiller aux timides de ne pas s'inquiéter outre mesure de ce qu'on pensera ou dira d'eux, mais de s'efforcer d'être simples, naturels, ce qui bannit nécessairement l'embarras, la gaucherie, la mauvaise grâce.

La susceptibilité considérée au point de vue du savoir-vivre.

Un homme qui sait vivre ne montre jamais de susceptibilité. Elle est en effet une marque d'étroitesse d'esprit, défaut qui se perd au contact de la bonne société, et très souvent aussi elle provient de l'ignorance des usages, de l'idée trop exagérée qu'on se fait de sa propre importance et des égards qui vous sont dus, et de certaines interprétations erronées qui ne naissent pas seulement d'une disposition morbide ou d'une sensibilité trop vive, mais comme je le disais, d'une inexpérience que le frottement du monde fait disparaître.

La susceptibilité doit donc être évitée; il faut en repousser la tentation, si elle est puérile, ne portant que sur des imaginations, des suppositions ou même des faits sans importance. Et si elle a même quelque fondement, on doit en réprimer la manifestation, qui est un des éléments les plus désagréables de la vie sociale, et qui jette un froid glacial sur les relations.

Imaginez un homme toujours sur le qui-vive, inquiet de savoir si on va lui donner la place qui lui revient, se demandant si l'on fait assez de frais pour lui, épluchant les paroles, les saluts, les attitudes, et témoignant son mécontentement, chaque fois qu'il s'imagine avoir été traité sans égards, par des reproches, des paroles aigres, un maintien raidi, un silence affecté, et une application à user de représailles, et à rendre de mauvais procédés pour ce qui lui a paru tel. Il est évident qu'un homme qui sent et agit ainsi n'est pas seulement désagréable à ceux avec lesquels il entre en conflit, mais encore à tous ceux qui sont les témoins de sa susceptibilité. Il devient, de plus, l'objet d'une défiance instinctive; avec lui, plus de liberté, plus d'entrain; on craint toujours pour soi et pour les autres quelque manifestation pénible, quelque saillie, quelque plainte, ou même cette attitude froide et silencieuse qui éteint toute gaieté.

Pour prévenir les attaques de ce défaut, il importe de se persuader d'abord que l'on n'a très probablement pas eu l'intention de nous offenser, de nous blesser, de nous être désagréable. La plupart des manques d'égards doivent être attribués à l'étourderie, à la distraction, à l'ignorance, mais l'on n'y doit pas voir quelque chose de voulu, de méchant, d'offensant.

Mais y eût-il un peu de parti pris, de négligence, d'oubli, d'aigreur dans la manière dont on a agi envers nous, il faut savoir montrer cette indulgence que la bonne éducation, à défaut de vertu, apprend à pratiquer. D'abord, elle est motivée par les propres peccadilles que nous pouvons commettre. Qui d'entre nous peut se vanter d'être toujours attentif, de toujours connaître ou du moins de mettre en usage les détails de l'étiquette, sans que jamais une distraction, un oubli, une méprise viennent nous donner à nous-mêmes une apparence de torts ?· Ensuite, eussions-nous de justes motifs d'être blessés, nous devrions encore, la politesse nous en fait un devoir, les dissimuler pour ne pas glacer les personnes qui nous entourent.

Ainsi, il doit être bien entendu qu'un homme bien élevé sait faire preuve de largeur d'esprit, d'indulgence, et ne se montre pas rigoureux sur ce que l'étiquette lui attribue.

Discrétion.

Peut-être s'étonne-t-on de voir ce mot figurer dans un manuel de savoir-vivre. Cet autre mot de *savoir-vivre* implique cependant les qualités et même les vertus, en plus du vernis des manières et de la politesse des habitudes. Mais à ne prendre que le côté superficiel des choses, et à ne les considérer qu'au point de vue des relations sociales et mondaines, la discrétion rentre dans le domaine de la bonne éducation, et fait partie de cet ensemble qui caractérise tout homme comme il faut.

Il ne s'agit pas seulement ici, en effet, de ce côté de la discrétion à la fois supérieur et élémentaire qui consiste à garder une confidence, à respecter le secret d'une lettre, à ne pas répéter à tout venant ce qu'on a vu, entendu ou surpris. La discrétion a des faces multiples, et aucune ne doit être négligée.

C'est manquer à la discrétion de faire une visite

dans un but de curiosité, au moment d'un événement auquel les intéressés ne veulent évidemment pas encore initier le public. C'est y manquer encore de forcer une consigne, d'insister pour être introduit lorsqu'un domestique vous dit que ses maîtres sont sortis ou ne reçoivent pas. On commet encore une faute du même genre en prolongeant une visite lorsqu'on peut supposer sa présence importune : par exemple, si l'on a des raisons de penser que l'hôte attend votre départ pour traiter une affaire avec d'autres, ou si quelqu'un, manifestement venu pour une cause précise, paraît remettre sa communication après votre sortie. On doit également abréger sa visite si le maître ou la maîtresse de la maison a reçu une lettre en votre présence et ne l'a pas ouverte.

En un mot, la discrétion consiste à n'être pas importun, à respecter le temps, la liberté, les affaires d'autrui, aussi bien que son secret. Combien donc il est contraire à cette qualité essentielle de s'imposer, d'entrer, de demeurer dans une maison, sans tact, sans souci des hôtes, — bien plus, dans un but de curiosité et de commérage !

Mais que dire de ceux qui essaient de surprendre ce qu'on veut leur cacher, qui sont toujours à l'affût des nouvelles, des événements de famille, des soucis, des ennuis du prochain, des catastrophes intimes qu'il voudrait dissimuler?

Rien n'est plus bas, plus vulgaire, plus opposé au bon goût, d'autant que ces amateurs de nouvelles et de secrets ne cherchent à les recueillir que pour les divulguer et se faire le singulier mérite de raconter les premiers tout ce qui se passe... et même tout ce qui n'existe souvent que dans leur imagination.

On ne réfléchit pas assez qu'il est odieux de se faire l'écho des choses secrètes, et de raconter les choses cachées qu'on a surprises. Il y a même à ce sujet un singulier préjugé, qui a cours même parmi d'honnêtes gens. « Si je raconte telle chose, dit-on, c'est parce que je l'ai surprise ; oh ! si on me l'avait confiée, ce serait différent, je garderais scrupuleusement la confidence qui m'aurait été faite. »

Le raisonnement est au moins bizarre. S'il s'agissait d'un dépôt, vous conserveriez fidèlement l'argent ou l'objet qu'un ami aurait confié à votre honneur ; mais si vous trouvez cet argent ou cet objet sur la voie publique, vous vous jugez le droit d'en user librement, et même d'en abuser ! Un secret n'est-il pas aussi sacré qu'un peu d'argent ? Si vous l'avez surpris, avec tout ce qu'il comporte, c'est-à-dire très souvent l'honneur, l'intérêt, la paix d'une famille, êtes-vous libre de disposer de tout cela ?

Il y a encore un genre d'indiscrétion des plus fâcheux : c'est de profiter de l'hospitalité qu'on reçoit pour dévoiler aux étrangers tout ce qui se passe chez vos hôtes. Tout foyer domestique est sacré. Si vous êtes admis à l'un de ces foyers, il est bas et honteux d'en ouvrir les portes à tout le monde par vos récits bavards. Et abuser d'une invitation cordiale pour ridiculiser ceux qui vous ont reçu, souligner les défauts de leur service, les lacunes de leur maison, c'est non seulement d'un petit esprit, mais d'un homme mal élevé. Cependant, en avez-vous entendu de ces gens qui acceptent un dîner ou une soirée en s'écriant : « Nous allons rire, et je vous amuserai bien demain en vous racontant par le menu tout ce qui m'aura réjoui ! »

Encore une fois, la discrétion défend d'abuser de l'hospitalité, aussi bien qu'elle exige le respect de ce qu'on a surpris.

.*.

Un autre genre d'indiscrétion consiste encore à insister sur les sujets désagréables, du moment que la curiosité y est intéressée. Que de fois avez-vous vu de ces gens qui, décidés à poursuivre un sujet, y ramènent leurs interlocuteurs, alors même que ceux-ci s'y dérobent visiblement ! Ce genre d'indiscrets est spécial et particulièrement féroce : ils ne tiennent compte d'aucune des petites tortures qu'ils provoquent, inconsciemment ou non. Ces gens-là voudront savoir comment votre père est mort, même si votre gorge se contracte et si vos yeux se mouillent en leur donnant les détails qu'ils vous arrachent. Ils réussiront à découvrir que vos affaires sont mauvaises. Ils vous questionneront à brûle-pourpoint sur ceux de vos parents avec qui vous êtes brouillés ; ils vous poursuivront, en un mot, jusqu'à ce qu'ils aient entendu tout ce qu'il leur plaît de savoir.

*
* *

Dois-je parler ici de cette autre discrétion qui consiste à respecter ce qui ne peut se défendre, comme les lettres et les paquets ?

J'entends des protestations : la violation d'une lettre ou même d'un paquet sort des limites du savoir-vivre, et rentre dans la catégorie des indélicatesses, des manques à l'honneur. Aussi ne veux-je pas parler de l'acte brutal qui consisterait à décacheter une correspondance, et qui mettrait l'homme capable de le commettre au ban des honnêtes gens. Mais parmi ceux qui s'indignent à la seule idée de cet acte, combien en est-il qui ne se font aucun scrupule d'exercer leur curiosité sur l'*extérieur* d'une correspondance? Une lettre est en sûreté dans leurs mains, oh ! oui, quant à son contenu ; mais sur l'enveloppe, il leur semble posséder un droit d'investigation. Ils remarqueront avec malveillance, malice ou simple curiosité, que le courrier apporte plus ou moins souvent des lettres à tel ou tel. Ils suivront d'un œil exercé la missive qui passe sous leurs regards, essayant d'en reconnaître l'écriture ou la provenance. S'ils l'ont un instant entre leurs mains, ils regardent le timbre de la poste, le chiffre du cachet ; ils en tirent des conjectures qu'ils gardent plus ou moins secrètes, et les déductions, les suppositions, les erreurs auxquelles ce petit manège donne lieu est trop souvent une grave atteinte portée au secret de la correspondance. Il en est de même pour les paquets, qui inspirent un scrupule bien moindre encore, et dont certains ne craignent pas de soulever l'enveloppe.

La discrétion ne permet pas ce genre de curiosité. Elle va plus loin : elle défend d'épier et même de regarder une personne qui lit une lettre en votre présence. En effet, on peut n'être pas maître des impressions que lui cause sa lecture, et ces impressions doivent être sacrées, comme la lettre qui les produit, si l'on ne juge pas à propos de les exprimer ouvertement.

« Ne sois point fort curieux des affaires d'autrui, dit le vieil Érasme ; et si tu as veu ou entendu quelque chose, fais semblant que tu saiches point ce que tu sçais.

« Regarder du coing des yeulx les lettres qui ne te sont point offertes, c'est chose peu civile. Si quelqu'un ouvre son coffre et escrin en ta presence, retire-toy ; car il est plus incivil de regarder dedens, et est encores plus d'en manier quelque chose.

« Si tu aperçois qu'il survienne quelques propos secrets entre quelques ungs, retire-toy sans en faire semblant, et ne te mesle à tel propos sans y estre appellé. »

.•.

Tout cela, la justice, le tact, la charité l'apprendraient aisément. Un homme qui prendrait pour maxime : « Ne fais pas aux autres ce que tu ne voudrais pas qu'il te fût fait », aurait peu de chose à acquérir pour être non seulement délicat, discret, obligeant, mais encore parfaitement poli.

A défaut des sentiments élevés qui enseignent d'eux-mêmes la discrétion dans ses détails, le monde l'exige impérieusement et la considère, je le répète, comme la condition obligée de la bonne éducation et du savoir-vivre.

Exactitude.

L'exactitude est une des lois les plus rigoureuses qu'impose le savoir-vivre.

Je n'ai pas à développer ici les avantages, ni même la nécessité de l'exactitude. Elle est un des éléments essentiels de l'ordre et une des conditions indispensables du succès. Elle seule règle et utilise le temps ; et si l'on voulait compter toutes les affaires que l'inexactitude a fait manquer, toutes les combinaisons qu'elle a fait échouer, tous les torts qu'elle a causés, il faudrait plusieurs vies humaines, et encore ne parviendrait-on pas à en établir le calcul.

Mais nous ne nous occupons ici des choses qu'au point de vue spécial de la bonne éducation. Je négligerai donc le point de vue de vos propres intérêts, et je vous dirai simplement que l'inexactitude est une grosse faute au point de vue social et mondain. Elle implique un manque de respect ou d'égards envers ceux que l'on fait attendre, souvent un manque de justice, si le temps qu'on leur fait perdre est précieux, et ainsi, de quelque façon qu'on l'envisage, elle indispose et prévient à juste titre contre les négligents qui montrent si peu de souci d'autrui.

Pour un homme bien élevé, il n'est pas de petites choses. S'agit-il d'un rendez-vous, c'est un genre de promesse auquel on doit être fidèle. S'agit-il d'une affaire ou d'une invitation, on doit avoir égard au temps, aux arrangements, aux dispositions de ceux envers qui l'on s'est engagé.

Faire attendre un supérieur est plus qu'une impolitesse, et il peut en résulter de graves inconvénients. Faire attendre un égal est un manque d'égards, et enfin faire attendre un inférieur, c'est abuser de sa situation, et, s'il s'agit d'un homme qui travaille, risquer de lui causer un tort matériel plus ou moins sérieux.

En effet, si vous faites venir un ouvrier, un fournisseur, et qu'il passe dans votre antichambre ou à votre porte les instants qu'il aurait pu employer utilement, ou pendant lesquels il manque des affaires ou des commandes, vous lui portez un préjudice.

Est-ce une invitation qui est en jeu? On ne peut ignorer qu'une maîtresse de maison est profondément mortifiée si l'heure de son dîner se trouve changée, le repas brûlé ou refroidi. En outre, il est plus qu'impoli de faire attendre les autres convives. J'ai connu un haut fonctionnaire qui recevait souvent à sa table de grands personnages, en pays étrangers. Quand un quart d'heure s'était écoulé au delà de l'heure fixée pour le repas, il faisait annoncer le dîner, quels que fussent les convives en retard, estimant qu'il était plus impoli de faire attendre ceux qui s'étaient montrés exacts que de ne pas tenir compte de l'absence du ou des retardataires.

J'ai aussi connu une maîtresse de maison qui possédait un cordon-bleu émérite. Mais cette cuisinière qui avait, outre la conscience de sa valeur, un amour-propre professionnel très vif, avait décidé que jamais un dîner manqué ou seulement imparfait ne sortirait de son officine. A l'heure dite, qu'on fût ou non au complet, elle faisait annoncer le dîner, et je dois dire que cette manière d'agir apprit promptement l'exactitude à ceux qui avaient eu la mortification d'arriver après le potage.

Beaucoup de gens s'imaginent que lorsqu'il n'y a pas un repas en jeu, il n'est plus question d'exactitude.

Certes, si l'on est invité à un bal pour neuf heures et demie ou dix heures, on n'est pas tenu à observer cette indication au pied de la lettre.

Mais on tombe alors dans un excès de fantaisie, si l'on croit de bon ton de paraître à minuit ou à une heure. Si tout le monde agissait de même, les bals seraient de vrais fiascos, et les maîtres de maison seraient profondément mortifiés du peu d'empressement apporté à reconnaître leurs efforts et leur bonne volonté.

Plus la situation que l'on occupe est considérable, plus l'inexactitude que l'on montre est offensante. C'est en vertu de ce sentiment que Louis XIV, dont on trouve décidément les traditions là où l'on invoque la politesse et la courtoisie, disait que l'exactitude est la politesse des rois.

* *
*

Avant de terminer ce chapitre très important, laissez-moi appeler votre attention sur les agréments de l'exactitude. Grâce à elle, vous caserez dans votre journée deux fois plus de choses que ne le font les gens inexacts. Je ne sais plus qui disait que lorsqu'il avait perdu une demi-heure le matin, il passait le reste de sa journée à courir, mais sans succès, après cette demi-heure perdue.

Pour être exact vis-à-vis des autres, il faut l'être vis-à-vis de soi-même. Cela donne de la valeur morale, et cela exerce au savoir-vivre.

Les plaisanteries.

C'est chose délicate, et le tact est ici plus nécessaire que partout ailleurs pour indiquer le point qu'on ne doit pas dépasser, et les circonstances dans lesquelles une plaisanterie devient inconvenante ou maladroite.

Je ne parle pas ici des plaisanteries malséantes et blâmables dans quelque sens que ce soit ; celles-là, un homme bien élevé n'en a pas même l'idée. Mais il y en a d'innocentes en elles-mêmes qui, selon les gens et les occasions, deviennent dangereuses ou regrettables, et il y en a encore de sottes, de niaises, dont les gens d'esprit s'abstiendront toujours.

La plaisanterie, pour être inoffensive, exige chez celui qui la fait de l'esprit et surtout du tact, et elle ne doit aussi s'adresser qu'à des gens d'esprit, capables de la comprendre et de ne pas s'en fâcher.

On ne plaisante pas avec un supérieur, non plus

qu'avec un inférieur. On évite de plaisanter avec ceux qui ont l'humeur chagrine, susceptible.

On a dit que le sage tourne sept fois sa langue avant de parler. On pourrait donner ce conseil aux gens que leur gaieté, leur verve, leur genre d'esprit porte à la plaisanterie.

Rien n'est plus rare, en effet, que les personnes sachant bien la prendre; mais il faut dire qu'on est souvent trop désireux et trop pressé de dire un bon mot ou de s'amuser aux dépens d'autrui pour calculer l'effet de ses paroles.

Quant à ce genre de plaisanterie qui consiste à s'amuser aux dépens des absents, elle est peu généreuse, peu conforme aux traditions de la politesse et de la bonne éducation.

Mais que dire de celle qui s'exerce sur les infirmités ou sur la pauvreté d'autrui! Celle-là est odieuse, et dénote un cœur sec et des sentiments vulgaires. Rire et aiguiser son esprit à propos de ce qui est en soi un malheur ou une disgrâce, c'est faire preuve de sottise en même temps que de méchanceté, ou tout au moins de grande légèreté.

Pour moi, je n'ai jamais pu rien trouver de divertissant à voir des membres difformes, une démarche difficile, ni même une de ces laideurs qui deviennent tristes lorsqu'elles atteignent justement le grotesque.

Enfin, plaisanter des conséquences de la pauvreté est également la marque d'un esprit étroit et vulgaire. Une toilette surannée, un costume râpé, une économie sordide, mais forcée, un mobilier usé, tout cela devrait exciter le respect, et non le rire, si c'est la conséquence du manque d'argent.

Un homme qui sait vivre honore la souffrance sous quelque forme qu'elle se produise, et respecte toute pauvreté qui ne provient pas du vice ou de la paresse. A plus forte raison a-t-il l'horreur des tristes et faciles plaisanteries qui s'exercent aux dépens d'un malheureux.

*
* *

Il est un autre genre de plaisanteries, qui a été de mode jadis (une mode fort sotte, soit dit entre parenthèse), et que certaines gens essaient de faire revivre sous le nom de *fumisteries*. Il est inutile d'indiquer en quoi elles consistent. Elles prennent généralement pour victimes des personnes douées de naïveté ou affligées de distractions, ou encore celles dont le bon caractère est bien connu. En général, il faut éviter ces plaisanteries, qui peuvent blesser, contrarier, faire de la peine, qui produisent trop souvent de l'aigreur et des refroidissements entre les parents et les amis.

Encore une fois, la plaisanterie est une arme dangereuse; elle n'est le plus ordinairement spirituelle qu'aux yeux de celui qui l'invente.

Par exemple, je ne puis découvrir rien d'intelligent dans l'histoire de ce mauvais plaisant faisant porter un jour des invitations pour un bal à toute une société de province, au nom d'une maîtresse de maison qui faillit tomber de son haut en recevant des centaines de *réponses*. Je ne trouve pas plus piquante l'idée d'une dame qui, chargée d'expédier un chapeau de Paris à l'une de ses amies, fit emballer et envoyer à son adresse une soupière ornée de rubans roses.

On pourrait citer cent anecdotes de ce genre, et l'on trouverait difficilement dans le nombre une plaisanterie à la fois inoffensive et spirituelle.

※

Enfin, il y a des personnes qui ont une tendance à exercer leur esprit ou ce qu'elles croient tel aux dépens d'un membre de la société qu'elles prennent pour plastron. Il suffit d'attirer l'attention sur ce qu'un tel procédé a de peu chevaleresque d'une part, et de l'autre sur ce qu'il a de mortifiant pour le malheureux qu'on met sur la sellette.

Le tact.

Il est presque passé en proverbe que les hommes manquent de tact. Peut-être ce proverbe serait-il d'origine féminine, les femmes étant fières, et non sans raison, de leur supériorité en cette matière.

Le tact est une sorte de toucher, comme son nom l'indique, — un toucher idéal, moral, qui évite les points douloureux et sensibles, et qui sait mettre le baume sur une blessure ou une piqûre.

Pourquoi le tact des hommes est-il souvent en défaut?

De même que la main de l'ouvrier perd dans les rudes travaux sa délicatesse et même son adresse, notre toucher moral s'endurcit-il par suite des affaires que nous manions, des contacts que nous subissons, des besognes plus dures que nous réserve la vie, des sociétés moins choisies ou moins raffinées qui nous sont souvent imposées?

Ou bien cette qualité s'adapte-t-elle réellement

moins bien à notre nature, à nos facultés, et, possédant plus de force que la femme, avons-nous moins de délicatesse?

Quoi qu'il en soit, le tact s'acquiert et se perfectionne, et il est pour cela deux moyens. L'un, le moins sûr, consiste dans l'habitude du monde, dans la pratique de cette prudence qui ne parle et ne se meut qu'avec précaution, de peur de heurter quelqu'un ou de briser quelque chose. On a alors du tact, mais à la façon d'un aveugle qui, tout accoutumé qu'il est à tâter avant de toucher, commet encore beaucoup d'erreurs et est sujet à mille accidents, *parce qu'il ne voit pas*.

L'autre moyen, le meilleur, est le souci du prochain, qui fait qu'on le regarde, qu'on l'étudie, qu'on le pénètre pour éviter de le peiner, de le froisser, ou simplement de le choquer. Cette attention n'est pas longtemps une peine ou une fatigue. En la pratiquant, on arrive très vite à voir d'un coup d'œil ce qu'il faut faire, à savoir ce qu'il faut dire, à découvrir la souffrance, même cachée, qu'une allusion étourdie irriterait, à pénétrer la joie qu'un mot, un regard de sympathie peut accroître, à comprendre la situation difficile qu'une imprudence risquerait de compliquer, à éviter le choc qu'une brusquerie irréfléchie ne manquerait pas de produire.

Le tact n'est pas toujours l'apanage exclusif de ceux qui sont bons, mais on est rarement bon sans le posséder. Il est, il faut le reconnaître, plus utile dans la vie sociale que beaucoup de qualités plus hautes, et il ajoute aux relations un agrément et une sûreté que rien ne remplace.

C'est pourquoi il ne faut pas s'arrêter à ce mot trop vite dit : « Les hommes n'ont pas de tact. » Ils en auront s'ils daignent s'y appliquer.

L'égoïsme.

Égoïste? Il est presque impossible que l'homme ne le soit pas. Tout l'y prépare; il n'est pas sevré que déjà son avenir est en question; dès sa première culotte, et maintenant il en est affublé au sortir du maillot, les études commencent, et tout de suite prennent une importance capitale. Dans la maison tout est organisé en vue de cet homme de l'avenir; il devient le but; sa mère s'attelle à la récitation des leçons; le père se fait répétiteur, il rentrera plus tôt pour s'occuper de son fils. Si les places au collège ne répondent pas à tant de peines et de soins assidus, c'est une catastrophe. Enfin la vie gravite autour de lui; les petites sœurs ne viennent qu'après; plus tard on songera à elles, maintenant il s'agit de la carrière de leur frère, elles doivent bien vite en comprendre l'importance et savoir se taire pour le laisser étudier en silence, se prêter à ses jeux aux rares moments de récréation. Enfin, presque forcément tout dans l'éducation concourt à développer le tyran qui est au fond de chaque homme; devenu grand, il n'a qu'à laisser vivre l'égoïsme que les circonstances ont si bien et si inconsciemment fait épanouir. Habitué à la première place, il la prendrait plus souvent qu'il n'y a droit si l'éducation de l'homme du monde ne venait enrayer des penchants trop naturels; c'est alors et en bien des cas que la politesse est le préservatif de l'égoïsme. Sans elle chacun arriverait par degrés à tirer tout à soi, à ne rien supporter d'autrui, à ne pas même tenir compte du bien-être ni de l'opinion de ceux avec lesquels on vit.

C'est en famille surtout et dans l'intimité que le sans-gêne laisse le champ libre à la personnalité: on se sert le meilleur morceau, on ouvre la fenêtre, si l'on a chaud, sans souci du rhume du voisin, on se place devant le feu, si l'on a froid, sans remarquer si l'on n'en intercepte pas le rayonnement; on interrompt celui qui parle, on contredit grossièrement celui qui se trompe, on s'empare du livre ou du journal qu'un autre a commencé à lire; on se livre à toutes les variétés de son humeur, se montrant tantôt d'une gaieté fatigante, tantôt d'une tristesse ou d'une taciturnité absolue, parlant sans cesse ou gardant un silence morose, ne s'inquiétant jamais de distraire, d'amuser, de soulager autrui de ses préoccupations.

Qu'on ne dise pas que l'affection n'est pas

atteinte par cette manière d'être et d'agir. Une femme d'esprit a dit que la politesse est cette ouate légère qu'on place entre les objets fragiles pour éviter les heurts. L'affection, même si elle n'est pas fragile, même si elle résiste aux chocs, s'use et perd au moins son charme dans des relations où toutes les mauvaises petites passions ont la liberté de se donner carrière, et où l'aigreur est engendrée par le manque d'égards et l'absence de contrainte. La forme, dont Bridoison a plaisanté, sauvegarde souvent le fond, et un reproche même sera moins blessant s'il est exprimé dans des termes polis.

Des manies.

Bien qu'elles soient innocentes la plupart du temps, les manies ont le don d'agacer le prochain, d'exercer sa patience, et c'est en cela qu'elles touchent au savoir-vivre.

Il faut croire que certaines d'entre elles sont bien naturelles, car je les trouve mentionnées dans des livres de civilité datant du XVIIe siècle. « C'est une chose ridicule, et qui tient du rêveur de jouer du tambour avec ses doigts », écrit un auteur de cette époque. Et aujourd'hui n'êtes-vous pas sans cesse horripilé par le Monsieur qui tambourine et pianote tout le temps qu'il vous parle ou que vous lui parlez, ce qui lui donne un air distrait ou tellement indifférent qu'on est presque tenté de le rappeler à l'ordre.

« C'est encore une grande incivilité, continue le même auteur, de tourner son chapeau avec les doigts, de le mettre devant son visage ou sur sa bouche ; c'est quelque chose de bien plus vilain d'en mordre les bords. » Ce que le XVIIe siècle proscrivait, il serait futile de dire que le nôtre le proscrit encore davantage. Et pourtant il y a des hommes qui ne savent pas tenir leur chapeau et lui font subir de fort mauvais traitements ; c'est pour eux un supplice de garder quelque immobilité, il faut que tout ce qui leur tombe sous la main devienne la victime de cette manie du mouvement.

Pour éviter cela, il suffit de vouloir s'observer pendant quelque temps, et de prier au besoin un ami charitable de vous avertir.

Les uns ont un geste habituel qu'ils répétent sans cesse, comme de se frapper sur le genou pour rythmer leurs phrases, en accentuer l'énergie ; les autres se tiraillent la moustache, battent la mesure du bout de leur pied. Certains se considèrent longuement dans toutes les glaces ou passent continuellement la main dans leur chevelure, ce qui produit un ébouriffement très ridicule. Beaucoup enfin se rongent et se dévorent les ongles jusqu'à se mettre le bout des doigts dans un état pitoyable ; cela n'est point seulement agaçant, mais donne aux mains un aspect mal soigné et pénible à regarder.

On ne saurait croire combien toutes ces manies ont le don de porter sur les nerfs.

Un homme du monde avait celle, lorsqu'il était assis, de donner à son genou un petit mouvement de trépidation qu'il aurait continué des heures entières. Un jour, durant une conversation fort intéressante avec une dame, celle-ci tout à coup, sans le vouloir, cédant à une sorte d'énervement, frappe assez durement du bout de son éventail sur le genou qui allait accélérant son mouvement en proportion de l'intérêt que l'orateur mettait à son discours. Le monsieur s'arrête un peu suffoqué, et regarde celle qui se permet des manières aussi étonnantes. La dame s'aperçoit seulement alors de l'inconsciente vivacité à laquelle elle a cédé, et reste à son tour un peu interdite ; puis s'excusant tout naturellement : « Pardon, dit-elle, c'est ce mouvement perpétuel qui me faisait mal. »

Le propriétaire du genou en question m'a conté la chose en me disant qu'il s'était corrigé à tout jamais.

On sait que les plus grandes vertus poussées à l'excès ou pratiquées avec exagération deviennent de véritables défauts ; ainsi la fermeté, facilement, si on n'y prend garde, tourne en dureté, la douceur en faiblesse, la vivacité en brusquerie ; de même l'exactitude, qui est une très grande qualité, peut devenir une chose insupportable ; la pensée d'être en retard de quelques minutes, de ne pas arriver à l'heure fixée par une habitude inflexible, vous empêchera de rendre un léger service, de dire un mot aimable; vous ne saurez pas attendre, serez de mauvaise humeur si un léger incident a empêché quelqu'un des vôtres d'arriver à l'instant précis; vous serez esclave de vous-même et rendrez les autres esclaves.

L'ordre, poussé trop loin, devient une des manies les plus intolérables. *Exemple authentique.* Mme X... avait décidé la place d'un vase sur un petit meuble installé aussi malheureusement que possible auprès d'une porte; fatalement, le vase en question était à chaque instant renversé. L'autre jour je suis moi-même le coupable, et veux m'en excuser.

— Oh! ne vous excusez pas, me répond la maîtresse de la maison, tous les jours cela m'arrive.

— Tous les jours!... Pourquoi l'y remettez-vous?

— C'est sa place.

S'il faut veiller à ses gestes, à ses habitudes, il ne faut pas moins prendre garde à ne pas adopter des phrases, des mots qu'on répète sans cesse, dont on émaille ses conversations et ses discours, les : n'est-ce pas? — les alors, — les et cætera, — et les — bref, — et notons en passant que ceux qui se servent le plus fréquemment de ces expressions sont ceux à qui l'on pourrait reprocher de ne l'être jamais, brefs. Un mot qui revient trop souvent, c'est celui d'*insensé*. Tout est à l'insensé, à l'épatant ! Quelques-uns, tout le temps que vous parlez, donnent des signes d'assentissement ou murmurent des oui incessants. Enfin, il en est très peu qui ne soient enclins à une manie quelconque. L'éducation soignée les proscrit toutes. Une des plus terribles, et j'allais l'oublier ! c'est celle de faire des calembours. On ne devrait les permettre qu'aux vieux messieurs qui servent une fois par an, entre la poire et le fromage, quelque bonne vieille calembredaine antédiluvienne que chacun connaît et dont tout le monde rit. Mais tous les calembours sérieux ayant été faits, il ne reste plus aux jeunes potaches et aux rapins qui cultivent ce genre d'esprit que le déplorable *à peu près* tiré par les cheveux jusqu'à n'avoir plus aucun sens, et dont la manie, très moderne, entrave toute conversation.

Rien de plus agaçant que de sentir quelqu'un prêt à prendre « à côté » tout ce que l'on dit, à demander au nom de Ménélas s'il est de pique ou de cœur, et si l'on parle d'infini à crier : « touche ! » Je concède pourtant qu'il est des phrases malheureuses, telles que : « Le grand homme dont les traits sont là peints », ou encore le fameux vers de Voltaire :

Et je sors de ce lieu comme un vieillard en sort.

Il s'agissait pourtant d'un palais et non d'une épicerie.

Puis, le calembour n'est guère permis qu'en famille ou entre garçons. C'est un manque de tact d'en faire dans une réunion tant soit peu cérémonieuse, c'est presque une impertinence d'en faire devant les gens d'esprit; d'ailleurs ils sont généralement les derniers à les comprendre. En outre, cela ne supporte pas une seconde édition, leur seul charme est dans la nouveauté et l'à-propos. Enfin l'abus en est toujours fatigant, chacun n'étant pas fait pour ce genre de gymnastique.

La complaisance.

Au premier abord, cette vertu modeste apparaît aux jeunes gens comme un peu niaise, bonne pour ceux qui ne sont pas capables d'en avoir d'autres. « Jeune homme complaisant », on le voit sous les traits honnêtes, souriants et placides de celui qui porte les paniers dans une partie de campagne; court à la fontaine pour abreuver la soif d'une société altérée, se laisse accabler sous le poids des manteaux et des châles, tient l'ombrelle de la demoiselle qui veut cueillir une fleur, au besoin s'ensanglante les mains pour atteindre celle de son choix; enfin le jeune homme complaisant se dévoue avec empressement à toutes les petites commissions, aux mille services qu'on peut attendre d'une vertu reconnue.

Et voilà qu'on est tout prêt à le déclarer ridicule! Eh bien! cela prouve tout simplement que celui que l'on trouve tel l'est quelque peu, ridicule; il ne sait pas s'y prendre, cela tient à lui, à son personnage, mais je me garderai bien d'incriminer la complaisance elle-même. Faites faire les mêmes actes par un homme du monde intelligent, aussi brillant que vous voulez, pensez-vous qu'il prendra l'air niais parce qu'il rendra les services dont nous parlons? Cet air-là tient donc à la personne et non à la chose. Soyez complaisants sans crainte d'être ridicules; si l'on vous trouve charmants et intelligents sans cette vertu, sa pratique vous rendra plus charmants encore et ajoutera de la grâce à votre intelligence; si vous n'êtes pas un aigle, et cela, on ne s'en doute jamais tout seul, la complaisance vous vaudra d'être recherchés et appréciés dans bien des milieux et bien des circonstances. Une maîtresse de maison, par exemple, est toujours trop heureuse de pouvoir compter sur un jeune homme prêt à l'aider, à lui rendre ces mille petits services auxquels elle ne peut employer que ceux de son monde : un renseignement pour une invitation à lancer, une partie à organiser, etc. Là où la complaisance commencerait à faire sotte figure, ce serait dans le cas où celui à qui on la demande y mettrait un empressement qui touche à la servilité ou à l'importunité. Il ne faut pas être utile aux autres plus qu'ils ne le souhaitent, ni tellement désirer d'aller au-devant de leurs désirs que l'on prenne l'initiative qui leur appartient. Il y a fort souvent indiscrétion à offrir des services qui ne sont point sollicités.

En fait de complaisances mondaines, il y a celle

qu'un jeune homme exerce en ne se faisant pas prier pour faire jouir, s'il en possède, de ce qu'on est convenu d'appeler si improprement parfois : talents d'agrément. Il est très sot, si l'on peut rendre service en aidant à passer quelques heures, de faire mille façons avant de se rendre au désir de la maîtresse de maison qui vous dit de jouer ou de chanter, ou de monologuer, d'autant que la plupart du temps, c'est une chose souvent remarquée, ceux qui se font ainsi prier, une fois lancés ne s'arrêtent plus. Ils montrent bien qu'il n'y a que le premier pas qui coûte, et vous défilent tout leur répertoire, vont jusqu'à extinction d'un talent qui a cessé d'être de l'agrément longtemps avant qu'ils se soient tus. De détestables diseurs sont souvent tout prêts à se croire des Coquelin, et proposent de se faire entendre avant que qui que ce soit ait songé à les y inviter; cela ne s'appelle plus de la complaisance, mais de la fatuité, de la sottise, de la personnalité. Avant de se lancer, il faudrait au moins consulter un ami véritable, éclairé et courageux qui vous conseillerait bien souvent de vous taire. Gardez alors ce talent que vous pensiez avoir pour le cercle étroit de la famille dont la critique sera faite de bonté ou d'indulgence, ou plutôt ne songera même pas à en faire d'aucune sorte, ceux qui vous aiment se contentant de prendre leur plaisir là où vous mettez le vôtre. Oui, contentez-vous de ces succès à huis-clos, cela vaudra mieux que les bâillements mal étouffés derrière les éventails et les impatiences plus ou moins rentrées de vos semblables. e ne veux pas dire que l'on ne doive se produire en société que si l'on a un talent hors pair ; il suffit que l'on vous propose avec quelque insistance de donner ce que vous savez, que vous soyez assuré de rendre service à la maîtresse de maison et de faire plaisir au plus grand nombre. Ces talents de société doivent être faits avant tout de bonne grâce et de simplicité, avoir pour but la satisfaction des autres, et non la sotte vanité de se mettre en avant et de briller.

Toutes ces réserves faites, on ne saurait trop recommander aux jeunes gens de cultiver la musique, s'ils en ont la possibilité, quand ce ne serait que pour faire danser, ou accompagner, ou déchiffrer une partition, enfin de s'exercer à un talent quelconque ; cela servira à leur ouvrir bien des portes, à les faire accueillir là où ils ne seraient peut-être pas entrés, à les aider très sérieusement dans une question d'avenir, sans compter qu'admis dans la bonne société, le jeune homme ne cherchera point à en chercher d'autre, et échappera à des camaraderies qui l'entraîneraient ailleurs.

La loyauté.

Loyauté, honneur, voilà deux mots bien français! Deux mots synonymes s'il en est dans notre langue. Un homme loyal est toujours un homme d'honneur, et *vice versa*. Être loyal, c'est être vrai; être vrai, c'est être soi; combien peu de personnes sont réellement elles-mêmes! Et pourtant, on le sait : « Le seul vrai est aimable. » La loyauté n'est pas seulement faite pour les grandes choses, les grandes actions, les affaires importantes, elle entre dans le commerce habituel de nos relations sociales et mondaines; quand on est loyal, on l'est en tout et toujours, cela fait partie du caractère même, on ne s'en débarrasse pas comme d'un vêtement pour le reprendre dans une circonstance et le laisser dans une autre; on ne sait pas être autrement. La loyauté, c'est d'abord le respect de la parole donnée; un homme d'honneur n'en a qu'une; non seulement il ne la retire jamais, mais quand tacitement il semble s'être engagé, quand, par son silence, il a paru acquiescer, il est tenu à agir comme si la chose était faite sur papier timbré; c'est la mauvaise foi qui a écrit les premiers contrats. Pour des gens d'honneur, la main dans la main, simplement, devait en être la signature et la garantie.

Habituez-vous à savoir dire oui et non nettement en certains cas, et n'ayez jamais de périphrases et de faux-fuyants lorsqu'il s'agit de promesses, de conventions, d'arrangements d'affaires. Que tout soit tellement net et franc dans vos paroles que jamais on ne puisse leur donner une interprétation différente de celle que vous y mettez vous-même.

C'est manque de loyauté de dire par derrière ce qu'on renierait en face, d'avoir deux façons de juger les choses et les gens suivant ceux devant lesquels on se trouve, de ménager à la fois la chèvre et le chou. N'ayez pas deux poids, deux mesures; que l'on sache si vous êtes blanc ou rouge; de la droiture toujours. C'est manque de loyauté de chercher à savoir par adresse et détour le fond de la pensée d'autrui pour aller sur ses brisées, pour lui enlever une place sur laquelle il comptait, qu'il aurait obtenue si, par de petites habiletés plus ou moins condamnables, vous n'aviez fait passer sur vous des suffrages sur lesquels il comptait. Je n'entends pas ici faire d'allusions politiques, on sait trop que sur pareil terrain tout semble autorisé, permis, et que l'honneur, la loyauté, n'ont plus rien à faire entre adversaires et rivaux.

C'est manque de loyauté de s'incliner devant ce qu'au fond on réprouve, d'admirer haut ce que tout bas on blâme, de se mettre du côté du plus fort parce qu'on y a avantage ou intérêt, de se laisser aller à mille petites compromissions qui abaissent le caractère. Celui qui n'est pas parfaitement loyal est toujours sur le point d'être un peu lâche, ou du moins l'un de ces faibles qui sont à la merci des circonstances, retournent leur casaque ou s'écrient : « Je suis souris, voyez mes pieds; je suis oiseau, voyez mes ailes! »

Oh! la laide chose! laide et vile comme le mensonge qui déshonore celui qui le commet. Quand on a dit d'un individu : C'est un homme loyal! on a fait un des plus beaux éloges qui se puisse mériter; cela veut dire estime, confiance. Cœur loyal! celui sur lequel on s'appuie, auquel on croit dans la fortune comme l'adversité, parce qu'il est au-dessus de tous les caprices, et qu'une fois donné, il est fidèle.

TROISIÈME PARTIE

TROISIÈME PARTIE

Les visites.

La tenue de rigueur, pour faire des visites, est la redingote, à laquelle on allie généralement un pantalon de fantaisie, le chapeau à haute forme et les gants dits de teinte moyenne, plutôt un peu foncés.

S'il s'agit de visites intimes ou faites dans des salons où l'on ne reçoit pas beaucoup de monde, une jaquette très correcte peut remplacer la redingote. Un homme ne se présente jamais en veston, chez une femme si ce n'est à la campagne ou dans l'intimité de la parenté ou des relations très intimes; encore faut-il en ce dernier cas qu'on ne fasse pas de visite au jour de réception, la tenue que la maîtresse de maison autoriserait en ce qui la concerne ne pouvant être admise à cause de ses visiteurs.

On laisse son pardessus dans l'antichambre, et aussi sa canne et son parapluie. On garde toujours son chapeau, et ceci est l'occasion d'une petite difficulté et d'un apprentissage. La manière dont on tient son chapeau dénote en effet le degré d'habitude du monde que l'on possède. Il ne faut pas le poser sur un meuble, ni à plus forte raison par terre. Il est superflu de dire qu'on ne doit pas le planter sur sa canne, puisqu'on laisse les cannes dans l'antichambre.

En entrant dans un salon, on se dirige naturellement vers la maîtresse de la maison. On salue, non pas d'une manière leste et dégagée, mais avec le respect que tout homme bien élevé témoigne à une femme; puis on va saluer les autres personnes que l'on connaît.

Ce n'est jamais à un homme qu'il appartient de tendre la main à une femme : il doit attendre qu'on la lui tende. Il en est de même pour les vieillards, et pour tous les hommes plus âgés que soi, pour ceux auxquels leur situation confère une supériorité.

Le langage doit être également respectueux. Rien n'est ridicule comme de voir les jeunes gens parler à une femme ou à un homme plus âgé sur le ton qu'ils emploieraient vis-à-vis d'un camarade. Ce respect a des nuances de toutes sortes, qu'il est difficile de détailler. Il choisira les formes les plus polies ; il apprendra le grand air d'écouter, il empêchera tout ce qui, dans la conversation, prendrait l'apparence d'une discussion trop vive, ou d'une contradiction trop prononcée ; il inspirera enfin les égards et la politesse, non seulement envers la maîtresse de maison, mais encore vis-à-vis de ceux qu'elle reçoit, simplement *parce qu'ils sont ses hôtes.*

Un homme doit se lever chaque fois qu'une nouvelle visite entre ou qu'une des personnes présentes prend congé, et, en principe, chaque fois que la maîtresse de maison se lève; on reste debout tant qu'elle ne s'est pas rassise.

Quand on parle à une femme de son mari ou de son frère, il est de mauvais goût de le désigner par son nom de famille sans le faire précéder du mot *Monsieur,* fût-on accoutumé à supprimer ce mot quand on parle à la personne dont il s'agit. Ainsi, on ne dira pas à une dame en parlant de son mari : « Durand se porte-t-il bien? » On dira : « M. Durand se porte bien? »

Cette règle ne souffre d'exception que dans le cas où l'on est dans des termes d'intimité aussi grande avec la femme à laquelle on s'adresse qu'avec son mari ou son frère.

Le cas serait différent (il s'agit ici de nuances assez délicates, je le reconnais) si l'on était accoutumé à appeler un ami par son nom de baptême;

en ce cas, on pourrait parler de lui à sa mère, à sa femme, à sa sœur, en le désignant sous ce nom. Mais si l'on était dans des termes cérémonieux avec la femme à laquelle on parle, on dirait : M. un tel.

On ne dit jamais à un mari : *votre dame,* en parlant de sa femme. Cette manière de parler n'est en usage que dans les classes inférieures. On ne dit pas non plus *Madame* tout court, c'est absolument suranné on dit : *Madame une telle.*

De même, un mari dit généralement *ma femme* tout simplement, en parlant de sa femme. Il ne dit *madame* tout court que s'il parle aux domestiques.

Il est d'une bonne éducation de se rendre agréable aux personnes chez qui l'on se trouve, en leur parlant de ce qui les touche, en les écoutant, sinon avec intérêt, du moins avec l'apparence de l'intérêt, et en se montrant parfaitement poli et respectueux envers les autres visiteurs.

Mais il ne faudrait pas, sous prétexte d'amabilité, accaparer la conversation, essayer de briller aux dépens des autres, et les empêcher de parler à leur tour ; mieux vaudrait encore un rôle muet que cette importance, cette jactance qu'affectent certains jeunes gens, et qui n'ont d'autre résultat que de causer de l'agacement ou de faire sourire.

La durée d'une visite est de dix à vingt minutes au plus, à moins qu'il ne s'agisse d'amis intimes.

Si l'entrée dans un salon est un sujet d'effroi pour certains hommes timides, la sortie ne leur semble pas moins difficile à effectuer. Entrer, en effet, peut être pénible si l'on craint d'être le point de mire des hôtes ; il y a à éviter l'écueil de la timidité et celui de la pose ; il ne faut ni se pavaner comme un objet digne d'admiration, ni se précipiter tête baissée vers la maîtresse de la maison, au risque de renverser des sièges, de se prendre le pied dans un tapis, ou de bousculer les personnes présentes. Mais enfin, une fois que le domestique a ouvert la porte, il faut bien traverser le salon, quoi qu'il en coûte. Le départ offre bien d'autres difficultés ! Qui n'a été témoin des secrètes angoisses d'un monsieur qui brûle de partir, et qui semble rivé à sa chaise ! Il essaie un mouvement pour se lever, et une force mystérieuse semble le retenir. Il guette le moment où la conversation languit, il n'ose partir au milieu d'une histoire qu'on raconte, ni pendant un silence qui se produit. Il cherche une phrase pour prendre congé ; son anxiété, pour être puérile, n'en est pas moins vive ; il a des sourires nerveux, il n'entend pas ce qu'on dit, il mesure d'un regard plein d'effroi l'espace qui le sépare de la porte, cet espace qu'il lui faudra franchir sous les yeux moqueurs ou curieux de ceux qui, il en est sûr, auront deviné son embarras et constateront sa gaucherie.

La manière de prendre congé est aussi un criterium de bonne éducation et d'habitude du monde. Il faut éviter de partir au moment où de nouveaux visiteurs arrivent, parce qu'on aurait l'air de les fuir ; il ne faut pas interrompre une conversation animée ou intéressante. C'est une affaire de tact de choisir un moment opportun.

Si cependant on se trouve dans un de ces salons officiels où les visites se succèdent sans interruption, et où les hôtes sont pour la plupart inconnus les uns aux autres, on peut sortir quand il entre d'autres personnes : il s'agit alors de faire place aux arrivants.

En prenant congé d'une maîtresse de maison, on prononce une phrase quelconque ; on la prie, par exemple, de transmettre des souvenirs respectueux à son mari.

On salue ensuite les personnes présentes, en particulier celles qu'on connaît, et les autres d'une manière générale, ni trop vague, ni trop accentuée, et l'on traverse le salon sans précipitation comme sans lenteur.

Il est de la plus simple politesse d'éviter tous

les sujets qui peuvent donner matière à discussion, comme la politique, qui amène des mots aigres ou violents.

C'est encore une question de tact et de prudence, à part tout motif plus sérieux, de ne pas dire du mal du prochain, et même de ne pas s'en moquer, car on pourrait parler, sans le savoir, devant des parents ou des amis de ceux qu'on critique.

Il faut, dans un salon, veiller à ce qu'on dit, et craindre de tomber dans les embarras que cause un laisser-aller imprudent. S'il n'est jamais permis de dire ce qu'on ne pense pas, on doit se garder de dire tout ce qu'on pense. J'ai un ami très intime auquel son esprit primesautier et l'habitude d'exprimer librement son opinion, a joué quelques tours fâcheux. C'est ainsi qu'étant chez des amis, à table près d'un inconnu, il s'entend adresser cette question : « On me dit que vous êtes dans l'armée, monsieur ; avez-vous quelquefois rencontré le colonel X... ? — Le colonel X... ! Une brute ! » répond carrément mon ami. L'inconnu se redresse, un peu froid : « C'est mon cousin, monsieur ! »

Une autre fois, on le présente à une dame fort aimable, ayant un léger accent étranger, mais portant un nom bien français. La conversation s'engage, très animée, très piquante ; la dame avait beaucoup voyagé ; on tombe, à un moment, sur les différents mets en usage dans les pays étrangers. Il n'était pas encore question de l'alliance franco-russe, et mon ami laisse échapper, à propos de la cuisine moscovite, ce mot léger, que, d'ailleurs, je n'excuse pas : « Oh ! l'on sait que les Russes mangent de la chandelle ! » La dame s'incline en souriant : « Monsieur, je suis Russe, et je n'en ai jamais mangé ! »

Chacun connaît l'histoire du jeune homme qui, à un bal, entame une conversation avec un inconnu, et qui, mis en confiance, lui dit familièrement : « Dites donc, on s'ennuie ici, moi je pars, venez-vous ? — Je le voudrais bien, mais je suis le maître de la maison ! ! »

Et cet autre, demandant à un monsieur : « Qui est donc cette horreur en rose, là-bas ? — C'est ma femme. — Non, balbutie le malheureux, voulant réparer sa bévue, je veux dire la dame en bleu qui est près de la rose... — Ma sœur ! ! »

J'en connais encore un, de ces imprudents, qui, tout dernièrement, rencontrant dans un dîner un ami perdu de vue depuis quelque temps, lui désigne d'un ton aimable une dame placée à quelque distance : « On m'a dit que c'est Madame votre belle-mère ? — Non, c'est ma femme. »

Dans un salon, soyez donc circonspect, et abstenez-vous de toute plaisanterie pouvant devenir désobligeante, selon l'interlocuteur qui l'entend.

Est-il nécessaire de dire qu'on ne doit ni rire trop fort, ni parler trop haut ? Faut-il ajouter que les plus strictes convenances doivent présider à toute conversation ? Il faut, en un mot, éviter tout ce qui peut blesser, choquer, ou seulement gêner ceux qui vous entourent.

Il est des circonstances où l'on doit abréger sa visite : c'est lorsqu'on s'aperçoit que la maîtresse de maison a une raison quelconque de désirer votre départ, par exemple si elle a parlé d'une affaire qui l'oblige à sortir, ou si quelqu'un est venu la demander.

Il peut arriver qu'on apporte devant vous une lettre à la maîtresse de la maison. Si elle désire la lire, elle s'excusera et l'ouvrira en votre présence; en ce cas, vous détournez les yeux sans affectation; il serait indiscret d'épier sa physionomie et d'avoir l'air de chercher à deviner ce qu'on lui écrit. Si elle pose la lettre sans la lire, il ne vous appartient pas de lui dire de l'ouvrir, ce serait outrecuidant de lui octroyer en quelque sorte une permission; de plus, vous paraîtriez curieux. Seulement, au bout de quelques instants, prenez congé d'elle pour lui rendre la liberté qu'elle n'a pas voulu prendre en votre présence.

Il est un cas assez piquant, prévu dans quelques

manuels de politesse. C'est celui où, vous présentant pour faire une visite, vous êtes reçu dans un salon où il ne se trouve personne et où vous attendez un temps relativement prolongé. Certains auteurs indiquent des moyens comiques de remédier à cette situation embarrassante. Ils prescrivent une attente patiente de dix minutes, puis autorisent le visiteur à signaler sa présence en toussant, en marchant, en remuant des sièges, en faisant résonner des pincettes, même en frappant à l'une des portes donnant dans le salon. Il est une ressource beaucoup plus simple, plus efficace et en même temps plus logique, car il est évident que, dans un cas semblable, le domestique a oublié de vous annoncer ou a confié ce soin à un autre qui ne s'en est point souvenu : c'est de sortir du salon, et, si l'on ne trouve personne dans l'antichambre, d'ouvrir la porte d'entrée et de sonner de nouveau, ou de s'en aller en remettant sa carte au concierge.

Lorsqu'on attend dans un salon, il est de mauvais goût, sous prétexte de passer le temps, d'ouvrir les livres ou les albums qui s'y trouvent.

***

On doit des visites au jour de l'an, lorsqu'on a reçu une invitation, qu'*on l'ait ou non acceptée,* et dans les occasions où l'on a à adresser des félicitations ou des condoléances. En plus de ces circonstances, le nombre des visites est réglé par des convenances pour ainsi dire spéciales à chaque personne. On peut se présenter plus souvent chez les personnes qui vous ont exprimé le désir de vous voir. Il faut se garder d'être importun, mais les visites, dans une certaine mesure, ont leur utilité pour les jeunes gens, qu'elles façonnent au savoir-vivre et à la politesse, à la condition, bien entendu, que les salons qu'ils fréquentent soient distingués et qu'il y règne un bon esprit et un bon ton.

A moins d'être en termes intimes avec les gens que l'on va voir, on ne se présente pas chez eux au premier moment d'un malheur. Il est convenable, en ce cas, de laisser passer quelques jours ; mais on a eu soin d'envoyer sa carte aussitôt l'événement.

Au contraire, s'il s'agit de félicitations à adresser, on ne le fait jamais trop tôt.

Les visites vulgairement appelées *visites de digestion,* c'est-à-dire répondant à une invitation, se font au bout de huit jours environ, ou tout au moins dans la quinzaine. Elles ne dispensent pas d'une lettre d'acceptation ou de refus.

Les saluts.

Ici, il faudrait, non plus une plume, mais un crayon très fin pour donner des exemples pratiques et tangibles.

La mode, qui se glisse partout, a apposé sa griffe sur les saluts, et en a produit des variétés qui seraient bien amusantes en images, depuis le salut profond qui courbait l'échine, en passant par les ronds de bras, le geste ample et solennel du chapeau, etc., jusqu'au mouvement de tête saccadé qui donnait quelque inquiétude, comme une impression de cassure.

Il y aurait un piquant contraste à voir l'un à côté de l'autre le gentilhomme qui se courbait profondément, « ostant son gand et portant la main jusqu'à terre », et le petit crevé qui, en inclinant prestement la tête, semblait craindre de remuer son corps. Et dans ce mouvement si bref, si court, qui est heureusement passé de mode, que de nuances multiples! Il y avait la cassure de haut en bas, la cassure en biais, la hâte fébrile qu'on mettait à relever le menton, ou la pose légèrement prolongée de la tête vers l'épaule. Comme c'était comique de voir une demi-douzaine de jeunes gens faire leur tour de salon, et renouveler vingt ou trente fois cet exercice ! Il devait exiger, pour certains, des frictions sur la nuque ; mais aussi quel triomphe de garder le corps si raide avec un cou si souple !

L'art du salut, que les jeunes gens d'aujourd'hui traitent comme une quantité ou une qualité négligeable, tenait jadis une grande place dans l'éducation. On en définissait soigneusement et l'on en étudiait les moindres détails. Il était recommandé, (ce qui montre combien les saluts étaient sérieux et profonds), de saluer « sans précipitation ni embarras, ne se relevant que doucement, de peur que la personne que l'on saluë, venant aussi à s'incliner, on ne luy donne quelque coup de teste ». — Il faut, ajoutaient les vieux auteurs, « que toutes les révérences se fassent avec de très profondes inclinations ».

Doit-on donc braver la mode en ce qui concerne le salut ?

Braver la mode est toujours un peu dangereux. Le grave Erasme, qui consacre une page entière à la science de la révérence, convient « qu'une façon de fleschir les genouils est bien receuë en un païs, laquelle en autre païs donnerait subject de rire. » Il décrit les diverses manières en usage, expliquant qu' « en la jeunesse de Bretaigne on juge recommandable de ployer en premier lieu le genouil droit, et puis le gauche au même instant », tandis que « les François, contournant doucement le corps, fleschissent seulement le genouil droit ». Il conclut en disant qu' « ès choses où la variété n'a rien de répugnant à la bienséance, il sera en la liberté de chacun de pratiquer l'usance du païs, ou suivre les façons estrangères ».

Mais tout en côtoyant l'*usance* du pays et celle de l'époque où l'on vit, je n'hésite pas à déclarer qu'un homme intelligent et comme il faut ne se soumet jamais aveuglément à ce qu'elle prescrit de ridicule.

Je connais nombre de jeunes gens qui, à l'époque où le salut cassé dont je parle faisait fureur, ont énergiquement refusé de pratiquer ce rite absurde, et ont continué à saluer les femmes avec le respect sans affectation qui est de tous les temps et de tous les pays civilisés.

Car, enfin, le salut est une marque de respect ou de cordialité, ou tout au moins un témoignage de convenances sociales. Rien de tout cela ne peut être exprimé par un geste impertinent et une attitude ridicule.

Donc, tout en évitant de vous singulariser, de détonner d'une manière trop prononcée sur la mode du moment, restez polis, convenables, respectueux envers les femmes et les hommes âgés. Choisissez vos modèles parmi les jeunes gens vraiment distingués qui ne se font pas les esclaves d'un sot usage, mais qui ont le courage de se montrer ce qu'ils doivent être.

*
* *

On salue dans la rue les personnes avec qui l'on est en relation ou qu'on a simplement rencontrées.

A voir la parcimonie avec laquelle certaines gens distribuent leurs saluts, on croirait qu'ils les évaluent extrêmement cher. En ceci, la prodigalité vaut cependant mieux que la réserve excessive.

C'est d'un esprit étroit, lorsqu'il s'agit de ses égaux, d'établir un calcul, une sorte de tour pour saluer le premier. La bonne éducation implique de l'empressement dans la politesse, et défend même trop de rigueur dans l'étiquette.

Un homme âgé ou dans une situation élevée, s'il est seul, saluera toujours le premier un jeune homme ou un inférieur, si ceux-ci sont accompagnés d'une femme. Même, dans l'armée et la marine, où l'on observe plus qu'ailleurs les règles de la hiérarchie, un général ou un amiral salue le plus jeune des sous-lieutenants s'il a au bras une dame. Un officier bien élevé va souvent plus loin. Je connais un général qui porte la main à son shako s'il rencontre un adjudant accompagné de sa femme, et presque tous les officiers de marine ont coutume de saluer les femmes des maîtres qui sont avec leurs maris. C'est là une conséquence de ce respect de la femme qui est, heureusement, encore dans nos mœurs, bien que le sans-gêne moderne tende à le secouer. C'est le même sentiment qui fera qu'un homme du monde porte la main à son chapeau dans un escalier, même devant une servante qu'il croise. Et que ceci ne vous fasse pas vous récrier : Louis XIV, qui était un parfait gentilhomme en même temps que le plus majestueux des monarques, saluait une blanchisseuse parce qu'il jugeait qu'elle méritait, en tant que femme, cette marque d'égards.

Quand un homme est assis sur une promenade, dans un concert, dans un lieu public quelconque, et qu'une femme de sa connaissance ou un homme plus âgé que lui vient à passer, il doit se lever pour saluer.

Le chapeau.

Un mot encore sur le chapeau. Nous avons dit que la manière de le tenir dénote, entre beaucoup d'autres choses, l'habitude du monde. Nous indiquons plus loin les circonstances où l'on doit adopter le claque ou gibus, le chapeau haute forme, le chapeau de feutre.

Il nous reste à rappeler qu'on ne doit jamais, dans la rue, garder son chapeau sur la tête devant une femme, à moins qu'elle ne vous autorise à le remettre, ce que, d'ailleurs, elle ne manque pas de faire si elle est bien élevée. C'est la manière d'ôter le chapeau qui, dans la rue, constitue le savoir-faire et la grâce du salut. Il faut, en ce détail, imiter les hommes bien élevés et ayant des manières universellement reconnues comme correctes et élégantes.

L'usage de se découvrir pour saluer, et même de se tenir découvert dans un salon, est relativement récent en France. Non seulement il ne pouvait, jadis, être question d'ôter le casque, qui tenait à l'armure, mais encore le chaperon était difficile à manier, et on se contentait de le repousser en manière de salut, ce qui s'appelait : *avaler* son chaperon.

Ce fut sous Henri IV qu'on commença à s'aviser qu'ôter sa coiffure (on en portait déjà de plus commodes) était une marque de déférence. Mais si l'on prit l'habitude de saluer en se découvrant, on considéra longtemps comme une autre marque de respect de garder son couvre-chef, surtout devant les dames, et particulièrement à table. Ceci se passait encore en 1618. En 1723, l'abbé de Bellevue juge indifférent de prendre son chapeau à table, ou de le quitter.

En 1738, le duc de Luynes déclare cet usage supprimé depuis plusieurs années, mais il se maintint cependant jusqu'à la Révolution.

La mode actuelle est plus logique, attendu qu'un chapeau est fort incommode dans un appartement, et, à notre avis, elle est aussi plus respectueuse.

Les présentations.

Jadis, nous faisions des gorges chaudes sur la fureur de présentations qui régnait de l'autre côté du détroit. Nous nous amusions à colporter vingt légendes, depuis celle de la dame qui refuse de se laisser tirer de l'eau par un gentlemen qui ne lui avait pas été présenté, jusqu'à celle des deux voyageurs qui, absolument obligés d'échanger des observations et des réflexions, les formulent à la cantonade, en manière de monologue, pour éviter d'adresser la parole à un inconnu.

Nous avons changé tout cela. Remarquez, d'ailleurs, que personne ne se moque plus aisément que nous des usages étrangers, et qu'en même temps personne ne les adopte avec plus d'engouement.

La critique et l'engouement sont, en général, exagérés. La mesure consisterait à reconnaître, et même à adopter ce qu'il y a de judicieux dans les mœurs exotiques, et à rejeter ce qu'elles ont d'excessif.

L'usage des présentations est en soi très raisonnable ; je dirai plus, il est nécessaire à une époque où les rangs se confondent, où les classes se mêlent, où la vulgarisation de l'éducation, ou plutôt de l'instruction, d'une part, et un certain vernis plus apparent que réel, de l'autre, permettent à des gens d'une éducation douteuse de se mêler à certaines sociétés et de vous coudoyer un peu partout.

Ceci me rappelle un trait de bonté de la femme du général X... Son mari, alors colonel, commandait un régiment dans un quartier excentrique de Paris. Elle donnait une soirée aux officiers et à leurs femmes, et la propriétaire de la maison qu'elle habitait, ayant eu vent de ce projet, lui fit offrir de prendre chez elle les meubles qui pourraient être encombrants. Mme X..., bien qu'un peu surprise, s'avisa que ladite propriétaire, d'ailleurs richissime, avait chez elle une petite-fille de vingt ans, et désirait sans doute obtenir pour elle le vif plaisir d'une invitation.

Très primesautière, Mme X... dit à son mari : « Cette pauvre petite, ce serait pitié qu'elle fût éveillée toute la nuit en sentant trembler le parquet ! Ces femmes sont bien vulgaires, mais nous allons quitter leur maison et nous ne les reverrons jamais... Leur donnerons-nous cette joie ?

— Si vous voulez », répliqua le mari, aussi bon que sa femme.

Le jour venu, la grand'mère apparut, coiffée d'un chapeau de roses dont le modèle était, cette année-là, très répandu dans Paris. Elle en avait ôté les brides et y avait piqué une profusion de diamants. La petite-fille se levait toute droite et faisait une révérence chaque fois que le colonel lui adressait la parole. Mme X... lui présenta des danseurs et s'occupa d'elle avec une parfaite bonne grâce.

Le lendemain, à déjeuner, elle dit à son mari : « Je suis bien aise d'avoir invité cette pauvre enfant. Elle avait l'air de tant s'amuser ! »

L'ordonnance, déjà ancien de la maison, et qui avait des privautés, haussait les épaules en entendant ces paroles. Mme X... s'en aperçut et lui demanda vivement ce que signifiaient ces manières.

« Madame dit que la petite d'en bas s'est amusée... Je crois bien ! les officiers l'ont changée du tripier d'en face, avec qui elle fait de la musique, et qu'elle va épouser bientôt ! »

Tableau ! Mme X... ne peut s'empêcher de rire quand elle raconte cette anecdote. Si la jeune fiancée de l'industriel en question lui eût été présentée, elle se serait probablement abstenue de l'inviter, non qu'il y ait rien que d'honorable dans un travail quelconque, mais enfin, il y a des convenances sociales qu'il faut garder à tous les degrés de l'échelle.

*
* *

Il y a eu une époque où, grâce à l'absence de présentations, tout jeune homme audacieux, à la condition d'être convenablement vêtu (il y a à Paris des loueurs d'habits), pouvait se glisser dans un salon dont il voyait, de la rue, les fenêtres éclairées, et où les files de voitures stationnant à la porte indiquaient une réception.

Il arriva une assez singulière aventure à un officier général, à une époque déjà ancienne où, bien que la mode des présentations fût déjà en vigueur, on n'y attachait pas une excessive importance. Il était invité à un bal donné à l'occasion du mariage d'un officier qui avait servi sous ses ordres. Chacun sait qu'à Paris (où se passait l'histoire), un certain nombre de personnes ne possédant pas un appartement assez grand donnent à l'hôtel, dans des locaux spéciaux, les dîners et les fêtes de ce genre. (Entre parenthèse, on peut dire que, si un bal a jamais été saugrenu, c'est bien en un jour comme celui-là.) Le général arrive à dix heures, cherche le marié, ne l'aperçoit point, et s'étonne même, *in petto,* qu'il ne soit pas plus assidu près de sa femme. Celle-ci, naturellement, était reconnaissable à sa toilette. Après avoir vainement cherché le mari pour se faire présenter, il se décide, — les usages d'alors l'y autorisant pleinement, — à aller saluer la jeune femme.

Il était encore mince et leste ; il l'invite à danser, elle accepte, ils causent à bâtons rompus, puis il la reconduit à sa place. Le marié était toujours introuvable. « C'est bizarre, se disait le général, tous ces gens-là me font des saluts profonds, mais je ne reconnais pas une seule tête d'officier là-dedans... Que diable ! X... a dû cependant inviter ses camarades ! »

Tout à coup, devant cette absence totale de figures connues, un doute le saisit ; il court à un domestique : « C'est bien le bal du capitaine X... ? »

Le domestique s'incline : « Non, monsieur ; le capitaine X..., c'est pour demain !!! »

Sans les présentations, votre sœur peut danser avec un homme mal élevé ; votre mère peut lier conversation, en voyage, avec un malotru ; vous pouvez, dans un lieu public, vous trouver en rapport avec un malhonnête homme.

Et les présentations n'ont pas seulement pour objet de nous garder des relations désagréables et compromettantes, elles ont encore l'avantage de faciliter les rapports passagers qu'on noue dans un salon, et, en nous permettant de savoir à qui nous avons affaire, de nous épargner ces malentendus ou ces imprudences de langage qu'on commet souvent vis-à-vis d'inconnus.

Donc, elles sont entrées dans nos mœurs ; nous devons nous en féliciter, les reconnaissant d'ailleurs comme plus conformes aux égards et au respect qu'on se doit dans une société.

Mais l'abus doit être évité en tout, et l'exagération des formalités mène au formalisme, c'est-à-dire à la contrainte, à l'étiquette, au sacrifice du fond à la forme.

Pour citer des exemples, s'il est impossible de présenter les uns aux autres *tous* les invités, dans une réunion nombreuse, on a soin de le faire au moins pour des gens destinés à passer tout le temps d'un dîner l'un près de l'autre. Mais si, par mégarde, ce cérémonial a été oublié, faut-il qu'un monsieur et une dame se regardent pendant deux heures comme des chiens de faïence, sans se dire un mot ? Avouons qu'une telle manière d'être n'ajouterait pas à l'entrain d'une réunion ! En ce cas, on doit considérer que le fait de se rencontrer chez un hôte respectable est un brevet d'honorabilité, et, par égard pour ceux qui vous reçoivent, il est de la simple convenance d'être poli pour ses convives.

La personne la plus âgée commence généralement la conversation. Il est toujours facile, d'ailleurs, d'entrer en matière à propos d'une chose banale, fût-ce de ces menus services qu'un homme rend à sa voisine à table.

Mais, tout en étant prêt à passer outre sur une formalité omise si une politesse plus haute l'exige, on doit, autant que possible, observer un usage qui, je le répète, est à la fois utile dans son objet et respectueux envers autrui, et se faire présenter aux personnes avec qui l'on désire entrer en relation dans un salon, aux eaux, dans un cercle, etc.

Appellations.

Chaque pays a ses coutumes. En Angleterre, par exemple, les personnes d'une classe inférieure ou d'une éducation incomplète sont les seules à appeler les gens monsieur et madame (*sir*, ou *madam*, ou *mistress*), sans faire suivre ces mots du nom de baptême ou de famille, selon les cas. En France, le contraire a lieu ; on ne donne pas son nom de famille à la personne à qui l'on parle ; cela n'est admis que si l'on s'adresse à un inférieur qu'on veut traiter familièrement.

On dit donc *monsieur*, tout simplement, ou *madame*, ou *mademoiselle*. En parlant aux gens titrés, les domestiques, les fournisseurs ou les inférieurs seuls leur donnent leur titre. Il n'en était pas ainsi jadis, et les grands seigneurs même se le donnaient mutuellement dans la conversation. L'abandon de cet usage manifeste encore la tendance qu'on a à s'affranchir des manières et des traditions polies ; peut-être y doit-on voir aussi une revendication jalouse d'égalité. Toujours est-il que si l'on disait aujourd'hui : « Bonjour, monsieur le comte ; madame la comtesse se porte-t-elle bien ? » on se poserait en inférieur, en obséquieux ou en homme suranné.

Ceci n'empêche pas de prononcer les titres dans la conversation. On peut dire à un mari : « J'espère que la baronne J... se porte bien. » On présente un ami à un autre : « Le vicomte de X... »

On donne leur titre aux militaires ; il semblerait étrange d'appeler un général *monsieur ;* mais à moins d'être soi-même militaire, on dit : *Général,* et non : *mon* général. Il en est de même pour les colonels et les commandants. On peut dire aux capitaines : *Monsieur* ou *Capitaine ;* mais on ne dit pas : *Lieutenant.*

On appelle un président de cour d'appel : *Monsieur le premier.* Cependant, à moins de relations officielles, il est permis de négliger ce cérémonial.

De tous les titres que confèrent les sciences ou les brevets, celui de *docteur* seul est usité en France, et encore seulement pour les docteurs en médecine. On donne les appellations de M. le Maire, M. le Préfet, etc., seulement dans les relations officielles.

On dit également *Monseigneur* à un évêque, à un archevêque, à un cardinal ; on ajoute le mot

Eminence pour les cardinaux, le mot *Grandeur* pour les évêques. Exemple : « Monseigneur, la dernière fois que j'ai eu l'honneur de voir votre Eminence (ou) votre Grandeur... »

Quant aux femmes, on ne féminise jamais pour elles la fonction de leur mari, sauf pour les femmes des maréchaux et des amiraux de France. C'est seulement au village qu'on dit Mme la Mairesse. — En Allemagne, ces appellations sont variées à l'infini : il y a Mme la Présidente, Mme la Conseillère, etc. Mais, en France, il n'en est pas ainsi.

Depuis quelques années, la flatterie, d'une part, et la vanité féminine, de l'autre, ont fait cependant prévaloir dans le monde militaire cet usage étranger. On dit couramment aujourd'hui : « La Générale une telle et l'Amirale une telle ont quêté. » Qu'on sache bien que ces désignations ne sont pas correctes. La femme d'un contre-amiral ou d'un vice-amiral n'y ont pas plus de droits que celle d'un général. On dit seulement la *Maréchale*, et l'*Amirale* ne s'emploie que pour la femme d'un *grand* amiral, d'un amiral de France. A celles-là, il est permis, même en leur parlant, de leur donner ce titre.

Quant aux religieuses, si l'on connaît les usages particuliers de leurs congrégations, on emploiera les termes par lesquelles elles sont ordinairement désignées, les appelant, selon l'occurrence, ma Mère, ma Sœur, ou Madame. Dans l'ignorance de ces usages spéciaux, on dit *Madame* à une simple religieuse, ou *Madame la Supérieure,* s'il y a lieu.

*
* *

Un dernier mot au sujet des inférieurs. Il est d'une familiarité de mauvais goût d'appeler par leur nom les domestiques des maisons où l'on va, à moins d'être l'intime de ces maisons.

Mais on n'appelle pas non plus les domestiques Monsieur ou Mademoiselle. On leur parle poliment, sans appellation spéciale.

En parlant des domestiques, on ne dit pas : un garçon, la servante, la fille. On dit : un valet de chambre, ou un valet de pied, ou un cocher; — une femme de chambre, une femme de charge, une cuisinière, etc.

Le costume.

Il y a la catégorie des hommes qui ne tiennent pas assez à leur toilette, et la catégorie des hommes qui y tiennent trop. Le juste milieu est rare, et cependant, en cette matière, il est plus important de le garder qu'on ne le soupçonnerait tout d'abord.

La toilette masculine joue un rôle important dans la vie. Si cette assertion nous fait sourire, j'ai des preuves à l'appui de mon dire. Je pourrais vous citer, par exemple, une des femmes les plus spirituelles et les plus charmantes que j'aie connues. Elle avait manqué un mariage et avait vieilli dans le célibat, grâce à... une paire de sabots. Elle habitait la campagne, et un jeune châtelain la recherchait en mariage. Un jour, il eut la fatale idée de se présenter en... sabots. A la campagne, par les mauvais chemins, le cas n'était pas pendable. Malheureusement, la mère de la jeune fille était formaliste, autoritaire, et habituée à ce décorum qui est, il faut l'avouer, une forme du respect. Elle déclara qu'un jeune homme capable de manquer à ce point aux convenances ne tarderait pas à faire preuve d'un laisser-aller fâcheux dans ses manières, d'un sans-gêne absolu dans ses habitudes, et voyant, à tort ou à raison, dans l'adoption de cette chaussure trop rustique, un indice regrettable relatif au caractère, elle rompit toutes négociations. Sa fille, habituée à la soumission, ne protesta point, mais ne se maria pas, et grâce à son malencontreux sans-gêne, le fiancé éconduit perdit une femme charmante.

Je pourrais encore parler d'un excès opposé, et vous dire l'aventure d'un autre jeune homme qui, lui, manqua un mariage pour avoir revêtu un habit noir en plein jour, pour faire sa demande. La jeune fille, absolument prévenue par cette ignorance des usages, se déclara peu disposée à faire l'éducation mondaine d'un mari.

Enfin, un de mes amis intimes a dû en partie la conclusion de son mariage à... son chapeau. Cela semble étonnant ? Eh bien ! voici ce qui se passa. La jeune fille qu'il désirait épouser cherchait naturellement à se procurer des renseignements sur son compte. Elle alla trouver un vieil ami, homme très grave, et éprouva un certain étonnement en entendant cette réponse : « Je vous conseille fortement d'épouser Monsieur X... Il est très bien, et son chapeau est toujours si bien brossé ! »

Cela n'a l'air de rien, en effet, un chapeau bien brossé ; et cependant, si l'on va au fond des choses, il y a là des indices d'ordre, d'économie, de soin, de respect de soi-même, toutes qualités qui doivent se développer et contribuer puissamment à la prospérité d'un ménage.

Il y a donc un milieu à garder dans la tenue. S'il est d'une mauvaise éducation d'être négligé, si l'on manque de respect à ceux qui vous entourent en portant des vêtements malpropres, du linge fripé, etc., on se donne du ridicule en soignant sa personne comme une petite-maîtresse. Si l'on juge indigne d'une femme de consacrer trop de loisirs à la toilette, c'est, pour un homme, un travers qui excite le rire.

Un homme comme il faut observe, habituellement, la plus exquise propreté. Son linge est irréprochable, soigneusement repassé ; il mettra de côté les cols et les poignets usés au bord, si légèrement que ce soit : cette dépense, celle du renouvellement du linge, du blanchissage et du repassage, doit être considérée comme nécessaire, indispensable.

Les vêtements doivent être de bon goût, c'est-à-dire qu'il faut éviter les couleurs voyantes et les formes excentriques. Vous connaissez l'histoire ou la légende du jeune homme extra élégant que son tailleur habillait gratis à la condition qu'il *lancerait* les modes douteuses et même extravagantes. Il faut craindre d'être pris pour le héros de cette légende. Certes, il est naturel qu'un homme jeune ne s'habille pas comme son grand-père, mais il ne sied à aucun âge d'attirer l'attention par l'excentricité.

Tout le monde ne peut pas renouveler sa garde-robe fréquemment; mais tout le monde peut, du moins, l'entretenir avec soin, en conserver la propreté, et en prolonger, non seulement la durée, mais encore l'apparence. Brosser soigneusement ses habits, les remplacer, dans la maison, par des vêtements moins neufs, les replier *dans les mêmes plis,* ou les suspendre avec précaution sans que le porte-manteau laisse de marques; enfin, les faire réparer en temps utile, voilà le moyen d'être toujours convenablement mis, même en dépensant peu.

On a souvent dit que les gants et la chaussure sont le double cachet d'une mise soignée et distinguée. Je dirai pour ces objets, comme pour le linge : qu'ils soient toujours irréprochables.

Il y a, à propos des chaussures, une petite observation à faire ici. Beaucoup de jeunes gens sont fiers de la petitesse de leur pied, et beaucoup d'autres désolés des dimensions du leur. Les uns et les autres ont une tendance fâcheuse à porter des chaussures trop étroites, les premiers pour souligner l'avantage qui leur est échu, les seconds pour corriger le défaut qu'ils déplorent. Or, des chaussures trop justes ne constituent pas seulement un supplice terrible pour celui qui les porte : elles communiquent encore à la démarche de la gêne, de la gaucherie, souvent même du ridicule.

*
* *

Une des questions les plus compliquées pour les jeunes gens, surtout pour ceux qui ne peuvent recourir au jour le jour à l'expérience et au tact d'une mère ou d'une sœur, c'est de savoir quand, à quels jours, à quelles heures, dans quelles circonstances il faut porter tels ou tels vêtements.

En un mot, il est toujours opportun d'avoir un chapeau bien brossé, mais l'habit noir ou les sabots doivent être pris au moment voulu, et jamais en dehors.

Évidemment, la mode régit ce genre de détails. Ce qui se faisait, il y a cinquante ans, serait ridicule aujourd'hui, et les règles que je vous donne exciteront peut-être la gaieté des lecteurs qui, dans cinquante autres années, ou même dans un laps de temps beaucoup moins considérable, viendraient à découvrir ce volume sous la poussière d'un grenier. Mais comme on écrit pour son époque et pour ses contemporains, il me semble urgent de donner ici les usages adoptés en ce moment, usages qui, dans leurs grandes lignes au moins, subsisteront encore longtemps.

Tout d'abord, parlons du frac, ou habit noir. Chacun doit en posséder un ; seulement, il faut savoir en user. Comme règle principale, il est universellement admis qu'on ne porte jamais l'habit le jour, excepté si l'on fait partie d'un cortège, à un mariage, ou bien au convoi d'un *très* proche parent, père, mère, frère, enfant. Il arrive aussi que, dans les cérémonies officielles, telles que la réception d'un préfet, d'un ministre, d'un directeur, les employés civils soient obligés de se mettre en habit. Ceci est une affaire spéciale, en dehors des convenances mondaines, et pour laquelle il faut consulter des personnes officielles et compétentes. En tout cas, si l'on se trouve obligé de revêtir un frac le jour, soit pour une de ces occasions, soit pour se rendre à un cortège, on ne se montre pas dans la rue sans un pardessus.

Si l'habit n'est pas de mise le jour, il ne faut

pas craindre d'en user le soir. Il y a, de nos jours, une tendance fâcheuse au sans-gêne, à l'adoption des vêtements négligés, et, sauf à Paris, où les jeunes gens contractent plus facilement l'habitude de l'habit noir, on est étonné de voir considérer comme une corvée insupportable l'adoption de ce costume. En effet, on peut se demander en quoi un habit est plus gênant qu'une jaquette ou une redingote. C'est ainsi qu'une réunion prend un aspect peu élégant, par suite du mélange hétéroclite de costumes plus ou moins convenables.

A moins de l'indication contraire, à moins qu'il ne s'agisse d'un dîner de famille ou d'amis intimes, et que la maîtresse de maison ne vous ait autorisé à vous rendre chez elle en costume plus ou moins négligé, il faut se mettre en habit pour un dîner. J'en dirai autant d'une soirée; si l'on n'est pas averti qu'il est permis de venir en redingote, il est indispensable d'être en habit. On ne regrette pas, en pareille circonstance, d'être *trop habillé ;* on est, au contraire, mortifié de différer des autres, et de paraître manquer d'égards à ses hôtes et aux femmes présentes qui, elles, ont pris la peine de revêtir des toilettes élégantes.

L'habit doit être noir. Si l'on met un habit rouge ou mauve à certains bals, cela ne dispense pas de posséder le frac classique. L'habit de couleur comporte les culottes courtes, en satin noir, et les bas de soie noire. Avec l'habit noir, il faut, naturellement, le pantalon noir et le gilet noir, à moins qu'un caprice de la mode de l'année ne permette, pour les bals, le gilet blanc. En ces détails, on consulte naturellement son tailleur.

Pour les officiers, l'uniforme peut remplacer l'habit. Il y a cette différence qu'il se porte le jour. Quant aux circonstances dans lesquelles on adopte la grande ou la petite tenue, elles sont régies en partie par les règlements militaires, et il est inutile de les rappeler aux officiers.

Avec l'habit, on porte le claque vulgairement appelé *gibus*. Mais si l'on sort en habit le jour avec un pardessus, dans les occasions très rares que j'ai indiquées, on prend un chapeau ordinaire, à haute forme, le gibus ne se portant jamais dans la rue. A un cortège, on peut le prendre, parce qu'on s'y rend en voiture.

Enfin, l'habit comporte la cravate blanche. On a inauguré des cravates de satin que je ne conseille pas. Ce qui sent la recherche et l'afféterie convient mal à un homme. Le petit nœud de batiste, aussi simple que possible, mais toujours très frais, est le mieux porté et le plus comme il faut.

Il est également de bon goût de choisir du

linge uni, ne se faisant remarquer que par sa finesse et sa blancheur.

*
* *

La redingote vient immédiatement après l'habit. On la porte le jour pour faire des visites, pour assister à une cérémonie, à un mariage, à un convoi, etc. On la revêt le soir dans les réunions plus intimes, là où l'on est dispensé de l'habit.

La mode actuelle a inauguré un vêtement très spécial, le *smoking,* qui est une fantaisie et ne durera pas aussi longtemps, sans doute, que l'habit et la redingote classiques. On le porte actuellement dans les villes d'eaux, aux casinos, dans les villégiatures, aux matinées dansantes, où il fait concurrence à la redingote, dans certaines soirées intimes.

Car il est bon de remarquer ici et de répéter que même une matinée dansante ne comporte jamais l'habit.

Avec le smoking, on a adopté des chapeaux de feutre mou, se pliant, qui peuvent également, pour une matinée, remplacer le chapeau haute forme avec la redingote.

La jaquette ne se porte que dans des occasions

intimes. Le veston sert pour la promenade et à la campagne.

A Paris, un homme du monde ne sort qu'en chapeau haute forme.

J'ai connu un jeune étudiant qui, se trouvant trop jeune pour suivre cette mode, refusait d'adopter le chapeau haute forme.

Allant un jour faire une visite à un ami, il s'entendit interpeller par le concierge au moment où il se disposait à monter l'escalier recouvert d'un épais tapis : « Eh ! mon garçon, l'escalier de service est au fond de la cour. » L'infortuné jeune homme, se voyant pris pour un fournisseur, n'écouta pas l'indication donnée, et sortit au plus vite de la maison où il venait de recevoir une si cruelle leçon.

En province, il est admis, dans un grand nombre de villes, qu'on sort et même qu'on fait des visites en chapeau de feutre. Cette tolérance est fâcheuse, parce que tout se tient, et que le laisser-aller dans la forme entraîne trop souvent le laisser-aller dans les manières et les habitudes. Je ne dis pas qu'on ne puisse en user, si les gens comme il faut donnent l'exemple ; mais un jeune homme a toujours avantage à garder les convenances plus strictes, et à témoigner, par sa tenue, son respect pour les femmes qui lui font l'honneur de le recevoir.

On ne fait jamais une visite avec un pardessus :
on le laisse dans l'antichambre, ainsi que sa canne
et son parapluie.

*
* *

Une autre note très délicate dans la toilette
masculine est celle des gants.

Les messieurs que les gants gênent répandent
de temps à autre le bruit que l'usage en est passé
de mode, et qu'on se borne à les tenir à la main.

Les gants ne passeront pas de mode. Ils ne sont
pas seulement un préservatif contre les intempéries et une élégance mondaine : ils constituent
encore une habitude de propreté.

Un homme comme il faut portera donc des
gants; seulement la couleur variera selon les circonstances. Les mariés portent seuls des gants
blancs. Au bal, les messieurs adoptent le gant
paille ou gris-perle *presque* blanc, ainsi que dans
les autres circonstances où ils mettent l'habit noir.
Avec la redingote, on adopte des gants dits
demi-teinte, c'est-à-dire d'un jaune ni trop foncé
ni trop clair. Les gants bruns ou rouges se portent avec la jaquette, le veston. On évite naturellement les nuances trop marquantes, comme le
violet, le vert, etc.

*
* *

Les cravates doivent être d'un goût discret.

Avec l'habit, la cravate blanche est de rigueur. On la porte aussi avec le smoking, mais *jamais* avec d'autres vêtements.

Quand on revêt la redingote et qu'on veut avoir une tenue habillée, on prend une cravate noire. La cravate de couleur donne un air intime et plus négligé au costume. En tout cas, on évitera les nuances voyantes et les dessins excentriques.

*
* *

On a coutume de dire que l'habit ne fait pas le moine, et qu'il ne faut pas juger les gens sur leur costume.

Un homme de ma connaissance, entrant un soir dans un salon où l'on donnait une soirée, aperçut sous le lustre un homme d'un certain âge, qui se tenait immobile, les mains derrière le dos. Il avait une chevelure hirsute et portait un habit fripé, avec un col prodigieusement démodé, lui couvrant la nuque, et des gants blancs trop longs, dont les doigts, qui dépassaient, rappelaient ces gants qu'on offre aux enterrements, à ceux qui tiennent les cordons du poêle. Mon ami ne douta pas un instant que ce ne fût un domestique, un de ceux qu'on appelle *serveurs*, qu'on loue pour un dîner ou une soirée, et parmi lesquels, surtout en province, on trouve de pauvres diables qui, n'étant pas souvent choisis, n'ont pas le moyen de renouveler leur habit noir. A ce moment, une odeur de fumée se répandait dans le salon, et mon ami, s'approchant vivement, frappa sur l'épaule de l'homme immobile. « Eh ! mon bonhomme, au lieu de vous tenir là, où vous n'avez que faire, allez donc à votre besogne, et emportez cette lampe, qui file ! »

Le prétendu domestique se retourna, et montra à l'étourdi une figure familière : celle d'un de ses chefs, officier supérieur de la marine, qui, peu mondain, ne s'était pas avisé qu'un frac n'est pas aussi immuable qu'un uniforme, et que son vieil habit, promené à travers les continents, ou oublié dans une malle, pouvait faire commettre des méprises sur son compte.

Mon ami avait parlé trop vite. Mais l'autre avait prêté à l'erreur.

Le deuil.

Beaucoup d'hommes s'affranchissent des obligations qu'il comporte et des restrictions auxquelles il condamne.

C'est très vite fait de déclarer que le deuil est dans le cœur et non sur les vêtements, et très commode de décréter qu'on peut porter le deuil de son père avec un paletot vert ou jaune, à la simple et peu coûteuse condition de nouer un crêpe autour de son bras.

Mais ces axiomes tout masculins ne font pas loi, heureusement. Je dis *heureusement* parce qu'ils consacreraient le triomphe de l'égoïsme et de ce qu'on a appelé l'*indépendance du cœur*.

Oui, Messieurs, vous êtes, comme le sexe faible, obligés de porter les deuils de ceux que vous avez aimés, et même les deuils de ceux qui, bon gré, mal gré, vous ont été unis par des liens de famille quelconques, que vous les ayez peu ou point connus. Dans les pays civilisés, et même dans les autres, le deuil a ses règles, et rentre dans cet ensemble de convenances qui est nécessaire à tout ordre social.

Le paletot vert ou jaune agrémenté d'un crêpe ne constituera jamais une livrée de deuil; si, en raison du prix coûteux des vêtements masculins, on peut s'abstenir d'acheter, par exemple, un costume noir pour un deuil de quinze jours ou trois semaines, on doit du moins choisir ce qu'on possède de plus foncé, cadrant le mieux possible avec le crêpe placé au chapeau.

Le deuil est une marque d'affection ou tout au moins de respect donnée à la mémoire de ceux qui ne sont plus, et aux liens de la famille. Il oblige à s'abstenir pendant un temps déterminé des réunions nombreuses, des cérémonies ayant un caractère de fête.

Il est aujourd'hui presque de règle que les femmes prolongent la durée de leurs deuils chaque fois que leurs affections sont réellement atteintes. Les hommes, se trouvant plus tenus à la vie sociale, se bornent aux limites strictement prescrites, qui sont :

Pour une femme ou un enfant, deux ans de deuil, dont un an de grand deuil.

Pour les parents et les beaux-parents, un an, dont six mois de grand deuil.

Pour les frères et les sœurs, les beaux-frères et

les belles-sœurs, six mois, dont trois mois de grand deuil.

Pour les oncles et les tantes, trois mois, dont six semaines de grand deuil.

Pour les cousins germains, moitié de ce temps.

S'il s'agit de parentés plus éloignées, une durée de huit jours à trois semaines.

La période de grand deuil comporte les vêtements noirs, avec un crêpe plus ou moins haut au chapeau, les gants noirs, les boutons de chemise et de manches noirs, l'épingle de cravate noire. Dans certains pays, on met une cravate blanche pendant la durée du grand deuil; c'est là un usage absolument local, qui semblerait singulier là où il n'est pas en vigueur.

Le demi-deuil permet les nuances grises, les boutons d'or, les gants gris. Il n'interdit pas aux hommes les réunions, même nombreuses. Cependant, certains deuils peuvent être prolongés. Si vous avez perdu une mère tendrement aimée, votre cœur vous interdira d'aller danser au bout de six mois, et peut-être un costume de nuance claire vous semblera-t-il peu en harmonie avec la gravité d'un profond chagrin et de la réclusion relative qu'il entraîne.

Le grand deuil dispense des visites, au moins pendant une grande partie de sa durée. Mais il faut remplacer, par l'envoi de cartes et de lettres, les relations sociales momentanément suspendues.

Certaines gens se persuadent que le deuil ne dispense pas d'accepter les invitations officielles, sinon pour les bals, au moins pour les dîners. C'est là une erreur plus ou moins consciente, et un prétexte qui n'a aucune raison d'être. Lorsque vos chefs ou vos supérieurs vous invitent à dîner, ils accomplissent généralement un des devoirs de leur situation, devoir qui n'a, vis-à-vis de vous, rien de personnel. Ils ne peuvent se trouver offensés de recevoir un refus basé sur un motif de haute convenance, tel qu'un deuil, et si vous étiez dans le secret de leurs combinaisons, vous sauriez qu'ils ne sont probablement pas fâchés de disposer de votre place. Accepter un dîner dans de pareilles circonstances, c'est manquer de cœur ou de décorum sous prétexte de discipline ou de hiérarchie, et c'est, à coup sûr, causer au chef qui vous adresse une invitation tout officielle, une impression d'étonnement probablement mélangée de blâme.

Les bijoux.

Tout ce qui sent la recherche et le luxe apparent est en désaccord avec le bon goût dans la tenue des hommes. C'est ainsi qu'ils doivent laisser aux femmes certains bijoux, et se limiter à un choix sévère, comprenant simplement ce qui est utile en ce genre.

Ceci est tellement vrai que lorsqu'un romancier veut dépeindre un parvenu, un homme de goûts vulgaires ou avide de jeter de la poudre aux yeux, il ne manque pas de lui donner, comme trait caractéristique, une lourde chaîne de montre, des bagues, une épingle, des boutons tapageurs.

Ce n'est pas qu'un homme ne puisse porter des bijoux de prix, mais, je le répète, seulement ceux qui ont une utilité réelle, et à la condition qu'ils soient sobres et peu voyants.

Ainsi, vous aurez une montre aussi belle que vous voudrez, mais sans autre ornement qu'un chiffre gravé ou des armoiries; le moindre brillant serait de mauvais goût. La chaîne peut être lourde et bien travaillée, mais jamais grosse, et comportant le moins d'ornements possibles. Les boutons de chemise peuvent être en or, mais unis, ou en perles, mais sans monture apparente. Un homme, s'il ne veut passer pour efféminé, ne porte d'autre bague qu'un cachet, et une alliance s'il est marié. Les pierreries sont absolument déplacées sur des doigts masculins. Enfin, les épingles de cravate doivent également être très sobres, simples, même si elles ont du prix; il ne faut jamais qu'elles attirent l'attention.

Invitations

Beaucoup d'hommes se trouvent cruellement embarrassés lorsqu'il s'agit de répondre à des invitations. Et parmi eux, il n'y a pas seulement ceux qui, nés dans une situation inférieure, et arrivés par leur travail à un certain niveau social, n'ont pu apprendre dans leur premier milieu les détails multiples du savoir-vivre; il y a encore ceux qui, envoyés de bonne heure au collège, puis lancés dans une carrière loin de leur famille, n'ont pu profiter des exemples et des habitudes de leurs parents. Un de mes jeunes amis me disait un jour combien il s'applaudissait d'avoir fait ses débuts dans le monde près de sa mère et de ses sœurs, trouvant chaque jour ses camarades arrêtés par de menues difficultés que lui-même avait appris très jeune à surmonter.

On doit répondre immédiatement aux invitations, surtout s'il s'agit d'un dîner. En effet, les places sont toujours restreintes, et l'on est bien aise de remplir celles que les refus laissent vacantes. Si ces refus se produisent très promptement, il est facile d'adresser d'autres invitations, qui parviennent presque aussitôt que les premières. Si, au contraire, on tarde à formuler les refus, il devient impossible d'inviter d'autres convives, qui s'offenseraient, non sans raison, d'être pris comme *bouche-trous*.

Beaucoup de personnes s'imaginent que ne pas répondre à une invitation équivaut à l'accepter. C'est une grossière erreur. D'abord, il y a des gens malhonnêtes ou négligents qui n'écrivent pas et qui n'acceptent pas pour cela ; les maîtres de maison restent ainsi dans le doute jusqu'au dernier moment, et sont privés de suppléer aux vides. Ensuite, il est de la simple politesse de remercier ceux qui vous font l'honneur de vous inviter.

Mais, dira-t-on peut-être, si cette exactitude à répondre a sa raison d'être pour un dîner, où les places sont comptées, et où l'ordonnance du repas dépend aussi du nombre des convives, elle n'est pas nécessaire alors qu'il s'agit d'une réunion nombreuse, comme un bal, où les rafraîchissements sont mesurés largement, et où, à vingt personnes près, on commande la même somme de glaces, de sandwiches et de gâteaux.

A cela, je réponds d'abord que si personne ne répond, il peut y avoir dans les prévisions un aléa considérable. Ensuite, je répète que, toute invitation exigeant un remerciement, ce remerciement a deux fois plus de bonne grâce à être prompt.

Et cependant, le nombre de gens omettant ce simple devoir est considérable. Je connais un fonctionnaire qui, habitant une petite ville, était obligé, lorsqu'il donnait un dîner, de requérir le gendarme qui lui servait de planton pour aller chercher les réponses de ses invités. Leur excuse était toujours la même : chacun d'eux se disposait à écrire justement au moment précis où le bicorne du brave gendarme projetait son ombre sur le seuil de la porte. Mais je doute que, sans son intervention, les lettres fussent jamais parvenues à l'hôte.

*
* *

Ainsi que je le disais, les formules des réponses rendent certains hommes très perplexes. Je soupçonne même que s'ils omettent ce devoir de politesse, c'est qu'ils ignorent la manière de l'accomplir. Cependant, les plus simples sont les meilleures, et on ne saurait trop le répéter à ceux qui se torturent pour être convenables et même éloquents.

J'en ai vu de piquantes, de ces lettres d'acceptation ou de refus. Il y a d'abord la forme officielle, brève, technique, que certains croient devoir adopter : « M. X... a l'honneur de remercier M. et Mme Z... de leur invitation, et les *informe* qu'il s'y rendra. »

Il y a la formule méticuleuse :

« M. N... a l'honneur d'accepter l'invitation que M. T... a bien voulu lui adresser pour le mercredi, 16 courant, à 7 heures du soir. »

Il y a la lettre verbeuse où l'on confie ses petites misères, et où l'on parle de son rhu. 'isme, ou du régime qui vous défend un repas copieux, etc., etc.

Il y a des trouvailles, dues sans doute à de longues recherches, et aboutissant à un poulet de ce genre :

« Mon colonel et Madame X..., j'ai l'honneur de vous remercier de l'invitation que vous avez bien voulu m'adresser. Je m'y rendrai avec plaisir et reconnaissance, et je me dis, mon Colonel et Madame X..., votre très humble serviteur. »

Il y a la formule leste et dégagée :

« M. Z... remercie M. et Mme X... de leur aimable invitation et aura le plaisir de s'y rendre. »

Ou :

« M. N... remercie M. Z... de son invitation, à laquelle il *a l'intention* de se rendre. »

Je n'exagère pas. Tous ces singuliers modèles

m'ont passé sous les yeux, et si les premières m'arrachaient un sourire, les dernières m'inspiraient moins d'indulgence.

En effet, on peut ignorer les usages aussi bien que les formules mondaines, mais ce qu'il n'est pas permis de méconnaître, c'est l'instinct des convenances, et le sentiment de respect qu'on doit toujours montrer à une femme, à un homme plus âgé, à un supérieur.

Comme règle générale, il faut se souvenir que vis-à-vis des femmes, des gens plus âgés et des supérieurs, il faut toujours employer le mot respect et le mot honneur. Ce dernier mot, *honneur*, est d'un usage courant entre gens bien élevés, même du même âge et de situations égales, qui ne sont liés par aucune intimité.

Ces formules étaient usuelles jadis. Il est probable que, de nos jours, on les trouve contraires à l'égalité dont on fait sonner si haut l'apparence et dont on trouve si rarement la réalité. Elles ne sont cependant que vraies et polies. C'est un honneur d'être en contact avec des gens honorables, et c'est de la politesse de leur témoigner ce sentiment. Quant au respect, on le doit à une situation acquise, à l'âge, aux femmes.

A une invitation adressée sous une forme cérémonieuse, ou sur une carte de visite, à la troisième personne, on répond dans la même forme, c'est-à-dire à la troisième personne. S'il s'agit d'une lettre, d'un billet plus intime, on répond par un billet du même genre.

Pour répondre à une invitation adressée à la troisième personne, on écrit sur sa carte, au-dessous de son nom, une phrase telle que celle-ci :

E. X...

remercie Monsieur et Madame Z... de leur aimable invitation et aura l'honneur de s'y rendre.

E. X...

offre à Monsieur et à Madame Z... l'expression de ses sentiments les plus respectueux, et les remercie de l'invitation qu'ils lui ont fait l'honneur de lui adresser, et à laquelle il sera heureux de se rendre.

E. X...

a l'honneur de remercier Monsieur et Madame Z... de l'invitation qu'ils ont bien voulu lui adresser ; se trouvant en deuil, il les prie d'accepter ses regrets de ne pouvoir s'y rendre.

E. X...

remercie Monsieur et Madame Z... de leur aimable invitation. Il regrette vivement qu'un engagement antérieur le prive de s'y rendre, et les prie d'agréer ses sentiments profondément respectueux.

Il faut remarquer ici qu'on doit écrire en toutes lettres le mot *Monsieur* et le mot *Madame;* l'abréviation constituerait en ce cas un manque d'usage.

Quand on refuse une invitation, il faut exprimer des *regrets,* et non offrir des *excuses.* *S'excuser* tendrait à dire qu'on prive ceux qui vous invitent d'un grand plaisir ou d'un grand honneur. Il y a là une nuance que très peu de gens comprennent et observent. Mais c'est justement dans les nuances qu'on reconnaît la bonne éducation et la science du savoir-vivre.

Les lettres.

Nous avons déterminé les cas où l'on doit envoyer des cartes. Les lettres jouent un grand rôle dans la vie sociale, et les détails de la correspondance sont réglés, comme tout le reste, par les lois du savoir-vivre et l'usage du monde.

Tout d'abord, l'exactitude et la régularité dans la correspondance sont des marques de bonne éducation. Il faut prévenir certaines lettres et répondre aux autres. Les rapports de parenté, d'amitié, les liens sociaux, les convenances régissent les lettres et en déterminent la fréquence, le ton, l'occasion. On doit à certaines personnes des lettres de jour de l'an, de fête, de condoléance, de compliments. D'autres lettres ont pour objet de maintenir des relations cordiales, d'autres encore de se distraire par un échange de nouvelles, d'autres de demander un service. La manière d'écrire varie nécessairement selon qu'on s'adresse à des gens âgés ou jeunes, à des parents, ou à des camarades, ou à des supérieurs, ou à des indifférents, ou à des inférieurs. Mais il y a des règles générales qui s'appliquent à toutes les lettres, et dont un homme bien élevé ne se départ jamais.

La première de ces règles est d'observer, dans la correspondance, ce que l'on doit à ceux auxquels on écrit : du respect aux gens âgés, aux femmes, aux supérieurs; de la politesse à tous, aux inférieurs comme aux autres. Même si l'objet de la lettre était d'adresser un reproche, ce reproche devrait être formulé en termes polis.

Une autre règle immuable consiste à écrire lisiblement. C'est une infraction aux convenances que d'exercer la vue et la patience de ses correspondants, sans parler du temps qu'une écriture difficile leur fait perdre.

Il faut ensuite éviter les excentricités de papier, d'écriture, d'en-tête, qui sont toujours contraires au bon goût.

Enfin, si l'on écrit à des personnes de qui l'on n'est pas particulièrement connu, on doit avoir soin de donner son adresse, d'abord pour être sûr de recevoir une réponse, puis pour leur éviter la peine de chercher cette adresse.

Le papier sera de préférence blanc ou crème ; tout au plus le gris ou la teinte *bleuté* sont tolérés pour les hommes. Quant aux nuances roses, vertes, etc., il faut les laisser aux très jeunes filles ou aux très jeunes collégiens.

Les images et les dessins, comme en-tête, sont également enfantins, ou trop excentriques. Cependant, en voyage on peut user, pour des correspondances familières, du papier des hôtels et des casinos, et, en villégiature, on peut, sans manquer au bon goût, se servir de papier timbré de la vignette du château ou de la villa qu'on habite. On peut encore avoir l'adresse imprimée : Château de... ou Villa X..., près N... Mais le papier seul, et jamais l'enveloppe, peut être ainsi marqué.

On peut, à volonté, se servir de papier uni, ou de papier marqué d'un chiffre. Le chiffre se surmonte d'une couronne quand on a le droit d'en porter une. Mais le tout doit être discret ; ce qui fait de l'effet ou ce qui est trop recherché ne convient à personne, mais est surtout déplacé pour un homme.

En général, un homme s'abstient de marquer d'un chiffre son *enveloppe*.

L'usage de cacheter les lettres à la cire est redevenu à la mode. Il n'est pas obligatoire, cependant. On doit éviter, pour ce cachet, la cire trop excentrique, ou les devises extravagantes.

J'ai connu une dame originale qui possédait une collection curieuse de cachets ornés de devises, et qui les employait avec un à-propos tout à fait piquant. A cette époque, elle sollicitait pour son mari la protection d'un de mes parents, qu'elle tenait au courant de ses chances, en employant les susdits cachets, ce qui aurait pu dispenser de la lecture de ses lettres, et ce qui, par ailleurs, mettait les employés de la poste au courant de ses affaires. C'est ainsi que nous voyions passer sous nos yeux ravis, sur de la cire verte, rouge ou aventurine, des devises comme celles-ci : En vous j'espère, — Vers le but, — Par-dessus mes rivaux, — Confiant en mon droit, — Triomphe et gratitude, etc. Il est superflu de dire que c'était aussi ridicule qu'amusant.

Un cachet doit simplement porter les initiales, surmontées ou non d'une couronne, ou bien les armoiries, si l'on en possède.

L'adresse s'écrit lisiblement, dans l'intérêt même de l'arrivée de la lettre, puis par égard pour celui qui la reçoit. On commence à l'écrire à peu près au milieu de l'enveloppe. Jadis on mettait en vedette *Monsieur* ou *Madame,* et l'on répétait ce mot à la ligne :

Monsieur

Monsieur X...

Cet usage est absolument suranné. On inscrit le nom précédé du mot Monsieur ou Madame sur une seule ligne.

Si la personne à qui l'on écrit a un titre, on l'inscrit sur l'adresse :

Monsieur le Comte de...

Ou :

Comte de...

Ce dernier mode de faire s'emploie plutôt avec ses égaux et avec les gens que l'on connaît plus particulièrement.

L'indication du grade se place également avant le nom :

Monsieur le colonel X...

Monsieur le docteur X...

Ou, si l'on est en termes d'égalité, et surtout en dehors de relations officielles :

Colonel X...

L'indication de la fonction se place après le nom :

Monsieur le général N...,
    Commandant la ᵉ division

ou le ᵉ corps d'armée.

Monsieur J...,
    Avocat.

Monsieur le docteur B...,
    Professeur à l'École de Médecine.

Suit l'indication de la rue, de la maison de campagne, de la ville ou du village, et du département.

Le timbre doit être placé correctement. Il y a des gens méticuleux qui considèrent comme un manque de soin et d'attention, et partant, comme un manque d'égards, la manière sans façon dont le timbre est collé sens dessus dessous, en biais, etc. On doit aussi le placer de préférence à droite ; c'est une sorte de convention qui facilite le travail de vérification des employés de la poste.

A moins qu'il ne s'agisse d'une correspondance intime, on doit prendre un timbre unique. Les lettres illustrées de timbres ont moins bon air et, pour les gens susceptibles, sont moins correctes.

.**.
* *

Le papier doit être assorti à l'enveloppe, de manière à se plier en deux, en trois ou en quatre, mais d'une manière régulière.

Il faut toujours dater sa lettre, et il est plus

commode, pour le correspondant, que cette date se trouve au haut de la première page.

On commence les lettres à peu près au tiers de la première page (sauf la date qui se place tout au haut). On met généralement les mots *Monsieur* ou *Madame,* ou *Cher oncle,* etc., en vedette, mais rien ne défend de commencer par un autre mot, comme en ce cas :

« Je m'empresse, mon cher ami, de répondre à votre bonne lettre, etc. »

Ou : .

« Combien je suis heureux, cher Monsieur, de pouvoir vous féliciter d'une promotion si méritée, etc. »

La marge est à peu près abandonnée, ou se maintient à peine visible, sauf dans les lettres officielles, les suppliques, etc. On n'écrit pas tout à fait jusqu'au bas de la page.

On doit éviter d'écrire en travers, ce qui est trop familier d'une part, et rend la lecture difficile. S'il le faut, on ajoute un second feuillet ; en ce cas, à moins qu'il ne s'agisse d'un intime, on met le feuillet entier, n'en écrivît-on qu'une page.

L'usage du post-scriptum est suranné. Il faut autant que possible éviter d'en ajouter, sans cependant s'astreindre à recommencer une lettre parce qu'on aurait oublié d'y intercaler une nouvelle ou un renseignement ; en ce cas, on a recours au post-scriptum.

Ce n'est point ici le moment de faire un cours de littérature, ni de prôner telle ou telle qualité du style. Cependant certaines de ces qualités rentrent dans le domaine du savoir-vivre. Un homme bien élevé, toujours par égard pour ses correspondants, et par cela même qu'il a reçu une bonne éducation, s'appliquera à être clair, précis, concis, s'il s'adresse à des étrangers ou s'il traite d'affaires, correct, poli et naturel. La simplicité du style, qui n'exclut ni l'élégance ni l'esprit, ni à certains moments un ton élevé, est une des marques les plus sûres de la distinction. Elle est rare, cependant. Je ne sais qui a dit qu'on n'apprécie la simplicité que vers cinquante ans. Il est vrai que dans l'extrême jeunesse on n'en sent pas toujours le charme, et qu'on confond trop souvent la boursouflure avec la grandeur. Mais tout homme de goût arrive vite à trouver ce naturel qui est le triomphe de la facilité, et qui, le plus souvent, ne s'allie qu'à un style correct et exercé.

Il y a des détails à observer dans le courant d'une lettre. Ainsi, chaque fois que l'on parle d'une personne qui touche de près celle à qui l'on s'adresse, on écrit en toutes lettres le mot *Monsieur* ou *Madame* : on dira *Monsieur votre père, Madame votre sœur, Monsieur X...*, s'il s'agit d'un proche parent, *Madame Z...*, si l'on parle de la femme de son correspondant, et non Mme *Z...*, *M. X..., M. votre père*, etc.

En revanche, on écrira en abrégé les mots *M. et Mme* si l'on parle de ses propres parents ou d'étrangers.

Certaines personnes, quand elles font, dans une lettre, allusion à un parent de leur correspondant, croient devoir user de majuscules. Ainsi, elles écrivent : votre chère *M*ère, votre *M*ari, etc. Cette majuscule, qui a évidemment l'intention d'être très respectueuse, constitue une petite erreur de français que rien, en somme, ne justifie, et qu'il importe de ne pas commettre.

.˙.

Il faut, lorsqu'on écrit à des gens plus âgés que soi ou à des dames, éviter la familiarité, qui dénote de la mauvaise éducation ou de la vulgarité. On ne qualifie de *cher Monsieur* que des égaux, et l'on n'emploie presque jamais le *chère Madame*.

C'est dans une lettre qu'il faut se souvenir de l'existence des mots *honneur* et *respect*, trop oubliés dans le langage actuel. On a cessé d'employer certaines formules extra polies qui semblent aujourd'hui trop humbles ; on ne se dit plus le très humble et très obéissant serviteur de ceux auxquels on écrit ; mais si ce sont des femmes ou des gens âgés, on les prie d'agréer ses sentiments respectueux ou les plus respectueux, ou l'assurance de son profond respect.

Avec des égaux, on varie les formules, selon le degré d'intimité.

Voici d'ailleurs des exemples de formules.

D'abord celles qui emploient les termes de respect :

Veuillez agréer, Monsieur, l'expression de mon profond respect.

Veuillez recevoir, je vous prie, Monsieur, l'assurance de mes sentiments respectueux.

Veuillez agréer, Madame, l'hommage de mes sentiments les plus respectueux.

Puis les lettres à des égaux ; d'abord à un inconnu ou un correspondant peu connu :

Veuillez recevoir, Monsieur, l'expression de ma considération la plus distinguée ou distinguée.

Recevez, je vous prie, Monsieur, l'expression de mes sentiments distingués.

A une personne mieux connue :

Recevez, cher Monsieur, l'assurance de mes meilleurs sentiments.

Recevez, je vous prie, cher Monsieur, l'assurance de mes sentiments dévoués.

Veuillez recevoir, cher Monsieur, l'expression de mes sentiments affectueusement dévoués.

Ou : *de mes sentiments bien sympathiques,* ou : *de ma meilleure sympathie.*

Je ne parle pas de lettres adressées aux parents ou aux amis, qui expriment, sans formules convenues, le respect ou l'affection.

S'il s'agit d'écrire à des inférieurs, on doit observer les règles de la politesse, tout en lui donnant la forme qui convient.

Beaucoup de gens s'imaginent faire preuve de dignité en restant secs et hautains dans leurs rapports avec les domestiques ou les inférieurs. Si la familiarité est de mauvais goût et a des inconvénients sérieux, il y a une mesure à garder, un milieu aussi éloigné de la morgue que de la vulgarité.

Chose singulière à dire, les lettres aux inférieurs causent souvent plus d'embarras que les autres. Il peut donc être utile de trouver ici quelques types de ces lettres, non pour s'y conformer absolument, mais pour y prendre des idées qu'on accommodera aux circonstances analogues.

Lettre à un tailleur ou à un fournisseur :

M. X... prie M. Z... d'avoir l'obligeance de presser la commande qu'il lui a faite. Remerciements et parfaite considération.

Ou :

Monsieur,

Je vous prie d'avoir la complaisance de m'envoyer le plus tôt possible le pardessus que je vous ai demandé. Je vous remercie d'avance et je vous prie d'être assuré de ma parfaite considération.

A un ouvrier :

M. X... prie M. Z... de passer chez lui pour réparer une serrure. Il lui sera obligé de vouloir bien se hâter.

Les lettres aux domestiques ou aux fermiers diffèrent selon qu'on s'adresse à des nouveaux venus ou à de vieux serviteurs :

Exemples :

Prière à James de venir m'attendre au train à 3 heures avec une voiture.

Je prie James de tenir prêt, pour 7 heures, un dîner pour trois personnes.

A un vieux domstique dont les services et le dévouement méritent des égards :

Mon bon Jacques, ayez, je vous prie, l'obligeance de préparer une chambre pour un de mes amis que je ramène demain. Merci, mon bon Jacques.

Ma bonne vieille Catherine, nous arrivons demain, et ma mère me charge de vous dire de tenir le déjeuner prêt pour 11 heures. A bientôt, bien cordialement.

A un vieux fermier :

Mon cher Durand, je pourrai vous recevoir samedi, et nous prendrons rendez-vous pour visiter ensemble le bois de... J'espère que votre famille se porte bien et je vous serre cordialement la main.

Une lettre de reproches :

Je regrette, Monsieur, d'avoir à vous renvoyer la paire de bottines que vous venez de me faire. Elle n'est pas réussie comme à l'ordinaire; mais je ne doute pas que la prochaine paire ne soit faite avec le soin qu'on y apporte d'ordinaire dans votre maison. Recevez, Monsieur, l'assurance de ma parfaite considération.

⁂

Enfin, s'il s'agit de lettres de demandes et de lettres de remerciements, on doit être très poli pour les unes et très reconnaissant pour les autres. Il y a des gens qui réclament un service comme s'ils réclamaient un droit. Souvenez-vous que, même en demandant quelque chose qu'on paie, il faut être poli, parce qu'on fait appel toujours à une certaine complaisance.

Savoir demander est un art. Il n'est pas besoin d'y mettre de l'obséquiosité, mais l'arrogance est insupportable.

Savoir remercier est un autre art. Il faut, en remerciant, non pas seulement considérer le présent qu'on a reçu ou la faveur qu'on a obtenue par rapport à soi-même, mais surtout l'envisager par rapport à l'intention qu'on a eue, à l'obligeance qu'on a montrée, à la peine qu'on a prise pour vous. Il faut être chaleureux dans ses remerciements, comme on a été poli et modeste dans ses demandes.

⁂

Nous ajouterons, pour terminer, qu'on ne doit pas, dans les lettres, user d'abréviations ; c'est une négligence ou un sans-façon qui ne peuvent se tolérer qu'avec des intimes. On doit aussi soigner la ponctuation, et, s'il s'agit de lettres à des personnes auxquelles on a à marquer des égards, il faut se relire pour revoir les répétitions, les fautes d'étourderie, etc.

*
* *

Quant à la question de savoir quelles sont les circonstances dans lesquelles on doit envoyer un timbre pour obtenir une réponse, c'est une affaire de tact. On envoie un timbre à un marchand, à un fournisseur, à un industriel, même à un fonctionnaire, quand il s'agit d'une lettre d'affaires ou de renseignements, et qu'on s'adresse au *personnage officiel*. Il est évident, en effet, que les fonctionnaires ne touchent pas de frais de timbres pour répondre à toutes les demandes d'information plus ou moins saugrenues qu'il peut plaire à des milliers de gens de leur adresser.

Mais si l'on écrit à un haut fonctionnaire en sa qualité d'homme du monde, on n'envoie pas évidemment de timbre. On peut, en pareil cas, si on ne le connaît pas personnellement, adresser une demande de renseignements avec un timbre à son secrétariat. Ou bien, si l'on s'adresse à lui comme homme du monde, sans oser envoyer de timbre, il faut s'excuser de la liberté qu'on prend, se recommander, si on le peut, d'une relation commune, ou invoquer une raison expliquant la démarche qu'on se permet.

Lorsqu'on envoie un timbre, il faut avoir soin de le choisir muni d'une petite bandelette de papier gommé qu'on puisse coller légèrement sans que la gomme du timbre soit touchée.

Les cartes de visite.

Elles doivent être parfaitement simples, ne se distinguer en rien, ni par la couleur, ni par l'écriture, ni par le format.

Elles portent, en France, le nom de famille précédé du prénom ou de l'initiale, ou du titre. En Angleterre, on les fait précéder du mot M^r (Master) pour ceux qui n'ont point droit à un titre. En France, il serait ridicule de placer le mot *Monsieur* sur des cartes masculines.

Depuis quelques années, les officiers font précéder leur nom de la désignation de leur grade, sauf pour les sous-lieutenants. Ainsi on écrit : Commandant N... — Colonel ou Lieutenant-colonel M... — Général X... — Contre-amiral Z...; ou : Le général de brigade B... — Le vice-amiral C...

Cette manière de faire est actuellement plus en faveur que la désignation classique : Robert X..., capitaine au ...° régiment d'infanterie. Cependant on n'emploie guère la formule : Le sous-lieutenant Z..., on met plutôt : Paul N..., sous-lieutenant au ...⁰ régiment d'infanterie.

Les médecins font également précéder leur nom du titre de docteur.

Cet usage subsiste même pour les cartes communes à un ménage : Le Colonel et Madame B...

Un homme met son adresse au coin de sa carte, ou la désignation de son régiment, ou de son bâtiment, s'il a placé simplement son grade avant son nom :

Le Capitaine de vaisseau Georges D...
Commandant le cuirassé...
Escadre de la Méditerranée.

On peut faire inscrire au-dessous de son nom sa fonction.

Auguste G...
Avocat près la Cour d'appel de...

Colonel A. P...
Commandant le ...⁰ régiment de chasseurs.

Certaines personnes ont deux sortes de cartes : les unes portant leur nom précédé simplement de leur titre : Baron Henri C..., de leur grade : Capitaine E. M..., ou de leur prénom : Jules Z..., et destinées à leurs amis; les autres faisant mention de leur profession ou de leurs fonctions, et plus spécialement employées pour les relations officielles.

La carte peut être timbrée d'ume couronne. Il est préférable de n'en pas mettre; la simplicité absolue est toujours, en pareil cas, ce qu'il y a de plus distingué.

*
* *

On plie sa carte, lorsqu'on la laisse à une porte, pour montrer qu'on est venu en personne. On fait de même pour les cartes qu'on dépose aux convois.

Un homme laisse deux cartes s'il va voir un ménage. S'il est marié et accompagné de sa femme, il laisse la carte de *Monsieur et Madame* et une carte de *Monsieur* seul pour un ménage; cependant, on se dispense quelquefois de laisser cette dernière carte.

Si, en outre du ménage qu'on va voir, il y a dans la maison des parents habitant avec eux, il faut laisser pour eux des cartes spéciales.

Un mari et une femme qui font des visites ne demandent que les *dames* de la maison. Si des domestiques mal stylés leur faisaient cette sotte réponse : « Madame est sortie, mais Monsieur est chez lui », ils n'entreraient pas et laisseraient leurs cartes.

On ne demande pas à un domestique ou à un concierge : « *Madame* y est-elle ? » On dit : « Madame une telle reçoit-elle ? »

On envoie des cartes dans toutes les circonstances de la vie sociale auxquelles on est associé par une lettre de part : naissances, mariages, décès. Aussitôt qu'on est en relations directes avec ceux qui vous envoient ces lettres, on peut, et souvent même on doit ajouter à sa carte une ligne de félicitations ou de condoléances : « Respectueuses félicitations. — A l'honneur d'adresser à Monsieur X... ses respectueuses félicitations. — Sincères et respectueuses condoléances. — A l'honneur d'offrir à Madame Z..., avec ses bien sincères condoléances, l'expression de ses sentiments les plus respectueux. »

On doit en outre des cartes aux gens que l'on connaît pour un événement heureux qui leur arrive, et qu'on a appris par un journal ou par le bruit public, si toutefois cet événement est d'un genre officiel. Ainsi, on complimentera un officier à l'occasion d'une promotion, un professeur qui a reçu de l'avancement, un auteur dont le livre a été couronné, un avocat qui a gagné un procès éclatant, même, si l'on veut, un député qui a prononcé un beau discours ; mais on ne se permettra pas de féliciter un monsieur qui a fait un héritage, et l'on n'adressera de félicitations à celui qui marie sa fille qu'après qu'on en aura été averti par une lettre ou une carte.

On envoie sa carte sous enveloppe.

Il faut se souvenir que l'empressement est indispensable, et que les retards ôtent tout le prix de ces politesses faciles et cependant nécessaires.

Les présents.

Ils constituent un point très délicat, très difficile, et il est impossible de donner à ce sujet des règles précises. Il faudra, le cas échéant, consulter des personnes possédant du tact et l'usage du monde.

Cependant, voici quelques règles qu'il est utile d'observer :

On doit se souvenir que, lorsqu'il s'agit de faire un présent quelconque, l'opportunité lui donne seule du prix. Un présent peut être mal pris, considéré comme une indiscrétion, quelquefois même comme une impertinence.

Ainsi, en thèse générale, un homme ne fera jamais de cadeau à ses chefs, ni à la femme ou aux enfants de ses chefs. S'il s'en avisait, ceux-ci en seraient blessés, — d'abord parce que les présents impliquent une prétention à l'égalité, puis parce qu'ils ressembleraient, dans ce cas, à une sorte de tentative de corruption, et qu'on aurait l'air de taxer et de payer une protection ou une bienveillance qui doivent rester indépendantes.

Un jeune homme ne fera pas davantage de cadeaux aux femmes de ses amis ; pour qu'il en offre à leurs enfants, il faut qu'il existe entre eux une grande intimité, ou qu'il ait à reconnaître des attentions, des invitations.

Il est des circonstances où l'on peut envoyer des fleurs à une dame, mais jamais à une jeune fille, sauf le cas de fiançailles, ou si l'on est garçon d'honneur. Ces circonstances mêmes doivent être rares et choisies avec tact. Par exemple, on peut envoyer des fleurs au jour de l'an dans une maison où l'on a reçu plusieurs invitations ; si, d'autre part, on est également invité pour un dîner de fête ou d'anniversaire, c'est une attention de s'y associer en faisant porter une gerbe ou une corbeille.

Lorsqu'un ami se marie, on peut lui faire un cadeau personnel, comme un porte-cigare, un service à tabac ou à bière, etc., ou lui demander la permission d'offrir à sa fiancée un souvenir, tel qu'une jardinière où l'on met des fleurs, un porte-bouquet, un éventail.

Un garçon d'honneur ne fait pas de cadeau à la jeune fille qu'il conduit. Il ne lui envoie que des fleurs, ordinairement un bouquet, selon la forme actuelle de la mode.

Un parrain fait ou ne fait pas de cadeaux, selon les circonstances dans lesquelles il se trouve.

D'abord, si la marraine est une jeune fille, il ne lui donne rien en dehors des dragées. Si c'est une femme âgée, il peut lui demander la permission de lui offrir un souvenir ; il est alors de bon goût de choisir un objet de piété, artistique, rappelant la gravité de la cérémonie à laquelle on a pris part. Comme cadeau profane, si la marraine est une amie intime et que son mari y ait autorisé le parrain, il y a des fleurs, dans une corbeille ou une jardinière, ou un joli coffret à bonbons contenant des dragées.

Les soirées.

On doit répondre à toute invitation, comme nous l'avons dit. En ce qui concerne la tenue des soirées, on peut se reporter aux indications qui ont été données à propos du costume.

La manière de se comporter dans le monde dépend plus encore du sentiment que l'on aura acquis des convenances et du respect, que de l'habitude du monde qui, à elle seule, ne suffit pas toujours pour rendre irréprochable.

Il est sous-entendu qu'on salue, en arrivant, le maître et la maîtresse de la maison, puis les personnes que l'on connaît. On devra éviter de s'attarder dans le salon de jeu, et l'on a, d'une manière générale, le devoir de se rendre agréable et utile à ses hôtes.

Un jeune homme bien élevé n'affecte pas de fuir les personnes âgées. Non seulement la politesse lui impose l'obligation de s'acquitter de ses devoirs mondains envers tous, mais son intérêt même devrait l'y porter. Ce sont les femmes mûres jouant le rôle de *tapisseries* qui font le plus souvent la réputation des jeunes gens, et leur opinion peut peser d'un grand poids sur leur avenir. En outre, leur fréquentation les forme aux bonnes manières.

Avec les jeunes filles, il faut montrer le plus grand respect, la plus complète réserve. Je résumerai tout d'un seul mot : on doit se comporter vis-à-vis d'elles de la même manière qu'on désirerait voir les autres agir envers ses sœurs.

Au bal ou dans une soirée dansante, il faut inviter les jeunes filles de la maison, puis celles envers les parents desquels on a des obligations, soit qu'ils vous aient adressé des invitations, soit que le père soit votre chef hiérarchique.

Certains jeunes gens invitent les jeunes filles à danser d'une manière ridicule et peu naturelle, d'autres d'une manière trop cavalière. On se fait présenter à la jeune fille que l'on veut faire danser, si on ne la connaît pas, ou bien, si on la connaît, on la salue en disant : « Mademoiselle, voulez-vous me faire l'honneur de m'accorder telle danse ? » Ou bien : « Puis-je espérer l'honneur de danser avec vous ce soir ? » Le mot *honneur* doit toujours être prononcé.

Il est indispensable, pour éviter les erreurs, de tenir une comptabilité des danses qui vous sont accordées. On peut les écrire sur sa carte de visite. Il faut toujours faire précéder du mot *mademoiselle* le nom de la jeune fille que l'on inscrit. Je n'ai pas besoin de dire que désigner les jeunes filles par leur nom de baptême ou, pis encore, par un sobriquet, est le fait d'un homme mal élevé.

Si, malgré la précaution qu'on a prise d'inscrire les danses, on commet une erreur, il faut s'en excuser le plus poliment possible.

Si la jeune fille a elle-même commis l'erreur, il serait du plus mauvais goût de s'en fâcher, d'y voir une intention blessante, et d'en témoigner du ressentiment soit à la jeune fille elle-même, soit à son danseur. C'est dans ces occasions qu'un bon caractère, d'une part, et l'usage du monde, de l'autre, aident à éviter le désagrément d'interprétations malveillantes et de récriminations déplacées.

Il faut éviter le caprice dans les rapports mondains. Rien ne nuit plus à la réputation d'amabilité qu'on peut posséder.

On évite généralement de parler pendant qu'on danse, alors qu'on est essoufflé ; c'est dans les intervalles de repos qu'on cause.

On a souvent plaisanté de ces conversations des danseurs. A vrai dire, elles offrent quelque difficulté, étant donné qu'on ne se connaît guère, la plupart du temps, et la réserve la plus grande devant être gardée. Il est cependant absurde de se borner à parler de la chaleur, de l'encombrement. Un homme qui a l'habitude du monde trouvera d'autres sujets ; tout en gardant les plus strictes convenances, on peut causer agréablement de mille sujets : un événement d'actualité, la musique, la peinture, un peu de littérature, les voyages, etc., tout cela offre des débouchés pour des entretiens d'ailleurs fort courts.

Jadis, les jeunes filles se tenaient assises devant leur mère et ne quittaient leur place que pour danser. Aujourd'hui il y a, dans beaucoup de salons, une tendance à adopter les mœurs étrangères. Dans certaines maisons, on parque les mères dans un salon, où elles se regardent le blanc des yeux, essayant d'apercevoir leurs filles à travers les portes ; ou bien les jeunes filles, après chaque danse, se promènent à travers les salons et ne reviennent même pas à leur place lorsqu'une danse nouvelle commence. Ces nouveaux usages ne sont ni assez universellement répandus, ni assez approuvés pour qu'un homme bien élevé aide à les propager. Si, dans la maison où l'on se trouve, les jeunes filles se promènent au bras de leur danseur, on fera preuve de bon goût en restant avec elles dans le salon où est assise leur mère.

Quand on fait de la musique, les auditeurs doivent à la maîtresse de la maison aussi bien qu'aux artistes ou aux amateurs qui s'efforcent de les amuser, de garder un silence absolu.

On n'entre pas dans un salon pendant l'exécution d'un morceau de musique : on attend qu'il soit fini.

Si l'on chante ou si l'on dit des vers, des monologues, etc., on doit choisir des sujets et des paroles qui ne puissent choquer aucune des jeunes filles présentes.

Il pourrait sembler inutile de recommander la plus grande sobriété et une discrétion de bon goût dans l'usage des rafraîchissements. Mais j'ai eu trop souvent le regret de constater le peu de réserve de certains hommes à ce sujet, pour ne pas juger indispensable de traiter cet article.

J'ai entendu un jour, dans un bal officiel donné par un général, un jeune fonctionnaire se vanter d'avoir absorbé pour sa part quarante sandwiches (sans compter le reste), arrosés en conséquence de vin de Bordeaux et de vin de Champagne. Je ne parle pas ici du désastre que produiraient de tels... appétits dans une soirée. Quelque larges que soient les prévisions d'une maîtresse de maison, il est évident qu'on ne saurait suffire à nourrir de pareils Gargantuas. Mais ceux qui commettent ces excès ne contribuent pas à l'agrément, à la réserve, à la note de distinction d'une soirée.

Je signale aussi l'égoïsme et la gourmandise de ceux qui dévalisent les plateaux avant qu'ils aient pu parvenir jusqu'aux dames.

Enfin, je recommande aux jeunes gens de rester gantés lorsqu'ils dansent. On a vainement essayé de prétendre que la mode des gants passe et que les gens comme il faut les gardent à la main. Non seulement il est plus respectueux d'être ganté en dansant avec une femme qui, elle, garde ses gants, mais, par la chaleur, on risquerait de faner ou de tacher sa robe ou sa ceinture en dansant avec elle.

Parler bas dans un salon est toujours une marque de mauvaise éducation; on semble, en ce cas, se moquer d'autrui.

Il est également proscrit de se servir d'une langue étrangère devant des gens qui ne la connaissent pas, qui peuvent croire qu'on parle d'eux et qui, en tout cas, se trouvent justement froissés d'être tenus si ostensiblement en dehors de ce qu'on dit.

Usages surannés.

Je voudrais réunir ici quelques-uns des usages qui, considérés jadis comme indispensables pour un homme bien élevé, sont délaissés par la mode. J'en oublierai, mais je cite au hasard de ma mémoire.

Jadis, il était d'usage d'écraser l'œuf à la coque qu'on venait de manger. Aujourd'hui, il est permis de le laisser dans son coquetier, ou, si l'on en prend un second, on pose la coquille vide dans son assiette sans être obligé de la casser. Si l'on se trouve avec des personnes fidèles à l'ancien système et qu'on craigne de passer pour négligent, on peut appuyer légèrement sa cuiller sur la coquille, mais ce n'est plus une obligation.

Autrefois, lorsque le maître de maison servait du vin de Bordeaux, de Madère, de Bourgogne, il commençait par en verser quelques gouttes dans son verre avant de servir ses convives, ou, si le domestique servait, il avait l'ordre de commencer par en verser dans le verre de son maître une très petite quantité. Cette coutume avait pour raison d'être de laisser au maître de la maison les parcelles de cire qui étaient supposées être restées au bord du goulot lorsqu'on avait débouché la bouteille, et aussi de lui permettre de s'assurer si le vin n'était pas trouble. Elle est tombée en désuétude, et l'on a eu pour l'abandonner des raisons non moins plausibles. D'abord, les habitudes sont moins familières qu'autrefois, et le maître de la maison ne débouche plus le vin lui-même, surtout s'il a des invités. Ensuite il ne sert de sa main qu'en famille ou dans une intimité absolue. Enfin, le domestique qui est chargé de ce soin doit avoir pour instructions d'essuyer le goulot et d'en ôter les morceaux de cire, et aussi de vérifier si le vin n'a subi aucune altération.

Ce n'est pas à dire que les gens qui continuent les errements de leur jeunesse manquent au savoir-vivre : ils perpétuent simplement un usage abandonné.

Une autre coutume que la mode délaisse est d'offrir le bras à une dame qu'on accompagne. Je ne dis pas que la mode ait raison; elle tend, je le reconnais très haut, à bannir toutes les belles manières courtoises d'autrefois, et ceux qui essaient de les conserver ont certainement un but louable. Mais enfin je constate, et je suis obligé de dire ce qui se fait ou ne se fait plus à l'époque à laquelle j'écris. Donc les dames, en notre temps, préfèrent marcher seules. Un psychologue pourrait disserter là-dessus et y voir, au besoin, un symptôme de l'émancipation à laquelle tend une certaine partie du sexe faible, sous le nom de mouvement féministe. Les dames, cependant, hausseraient les épaules, et déclareraient tout bonnement qu'ayant à relever leur robe, à tenir une ombrelle ou un parapluie, il leur est difficile de prendre un bras. On n'offre donc son bras que pour passer du salon dans la salle à manger.

Cependant, la mode doit céder à la vraie politesse. S'il s'agit d'une femme âgée ou malade, à qui il puisse être commode de s'appuyer sur un bras, on doit se mettre à sa disposition. De même, dans une promenade, il faut offrir son aide dans des endroits difficiles ou dangereux.

Les convois.

On suit en habit noir et en cravate blanche le deuil d'une femme, d'un père, d'une mère, d'un enfant, d'un frère. On peut mettre un pardessus. Pour un parent moins proche, on met la redingote. Même pour des étrangers, d'ailleurs, la redingote est le vêtement le plus convenable. On évite, lorsqu'on s'associe au deuil d'une famille en assistant à un convoi, de porter une cravate claire ou de nuance voyante.

Il est d'usage d'entrer dans la maison mortuaire pour offrir ses condoléances aux parents du défunt qui attendent généralement au milieu des invités l'heure de la cérémonie. On dépose à l'entrée sa carte cornée.

C'est manquer plus que gravement aux convenances, de causer dans le salon où l'on est réuni avant le convoi. Il est également du plus mauvais goût de s'entretenir de choses indifférentes à l'église et pendant le trajet du cimetière. Si l'on n'a pas de compassion pour la douleur d'une famille, si l'on n'éprouve pas ce vulgaire respect de la mort qui semble cependant si naturel, on pourrait penser que de tels bavardages sont en complet désaccord avec l'action que l'on accomplit, et transforment en une inconvenance la marque de sympathie que l'on prétendait donner. J'ai toujours été péniblement choqué, en regardant passer un convoi, de voir causer bruyamment des groupes d'hommes qui ne semblent pas se souvenir qu'un char funèbre les précède, et que des femmes en deuil les suivent, entendant leurs conversations, souvent même leurs plaisanteries.

A l'église et au cimetière, on serre la main des proches parents.

Les personnes qui ont invité leurs connaissances à un enterrement, envoient dans les huit jours des cartes portant les noms des très proches parents à tous ceux dont ils ont reçu la carte cornée lors de la cérémonie.

Demande en mariage, fiançailles.

Lors d'un mariage, la demande officielle est devenue une superfétation, une formalité de la moindre importance.

C'est par des tiers qu'on entame généralement les préliminaires, qu'on se procure des renseignements, qu'on établit les questions de situation, de fortune, qu'on prend des informations au sujet de la sympathie qu'on inspire, etc.

Ce n'est que lorsqu'un mariage a toutes les chances de réussir, qu'a lieu la réunion, sur un terrain neutre, du jeune homme et de la jeune fille ; et la demande proprement dite, qui consiste en une visite du père ou de la mère, ou de ceux qui les représentent, n'a lieu que lorsque tout est convenu, arrangé, et qu'il n'y a plus qu'à dire un oui officiel.

Cette visite n'a plus lieu dans les formes solennelles d'autrefois. Ce n'est plus que dans les théâtres de troisième ordre, qu'on revêt un habit noir pour solliciter la main d'une jeune fille. Il n'y a même plus de paroles convenues : on vient confirmer une chose acquise.

Lorsque la demande a été *agréée,* c'est-à-dire lorsque les parents se sont congratulés dans cette visite officielle, et ont échangé l'éloge sans réserve de leur progéniture, le jeune homme est reçu en qualité de fiancé. Il fait précéder sa visite de l'envoi d'un bouquet blanc.

Ce bouquet, en théorie, devrait être renouvelé chaque jour. En pratique, surtout lorsqu'on est dans une situation de fortune modeste, un tel usage constitue une dépense qui peut sembler ou gênante, ou déraisonnable. Il est évident qu'en hiver, lorsque les fleurs coûtent cher, il est absurde pour un jeune homme qui n'est pas riche, de dépenser dix francs de fleurs tous les jours ou même tous les deux jours pendant six semaines ou deux mois. L'argent de cette dépense servirait plus raisonnablement et serait plus utilement employé d'une autre façon, fût-ce à l'achat d'un bijou ou d'un petit meuble de fantaisie. En ce cas, une jeune fille raisonnable peut prendre l'initiative, ou bien le bouquet traditionnel peut être remplacé tantôt par quelques fleurs blanches, tantôt par un gros bouquet de violettes, tantôt, enfin, par un de ces bibelots qu'il est permis à un fiancé d'offrir à sa fiancée.

La corbeille traditionnelle, qui se composait

jadis d'un ou deux cachemires de l'Inde, de bijoux, selon la fortune des fiancés, de dentelles noires et blanches, est aujourd'hui tout ce qu'il y a de plus fantaisiste. On y met ce qu'on veut, et l'on en supprime tout ce qui déplaît ou semble inutile et déraisonnable. Le plus pratique et le plus sûr est de s'entendre avec sa fiancée pour lui faire choisir les objets qu'elle désire.

La bague de fiançailles précède l'envoi de tout cadeau : on la donne le jour même du dîner de fiançailles. Elle est proportionnée, comme valeur, à la situation de fortune où l'on se trouve.

A propos de cadeaux et de corbeilles, qu'il me soit permis de donner ici un conseil qui a plus d'importance qu'on ne le pourrait penser. Beaucoup de jeunes gens sans fortune, ne possédant que leurs appointements, achètent à crédit des présents qu'ils soldent avec la dot de leur fiancée. Et un très grand nombre d'entre eux n'ont pas même la délicatesse d'avertir ou de consulter celle-ci. Au lendemain du mariage, la jeune femme éprouve la surprise désagréable de constater qu'on lui a fait des cadeaux avec son propre argent, et, chose plus grave, qu'on a manqué envers elle de confiance et de délicatesse. Il n'en faut pas plus pour empoisonner dans son germe le bonheur d'un ménage.

Quand on n'a pas de fortune, quand on ne possède pas d'argent comptant pour offrir une corbeille, il faut le dire franchement, loyalement, dans l'intérêt même de son bonheur.

Garçon d'honneur.

Si l'on a des raisons pour refuser une invitation à être garçon d'honneur, on doit la formuler dans les termes les plus polis, donner une raison valable, et exprimer de la reconnaissance de l'honneur qui vous est fait. Si l'on accepte, on remercie sans retard, en témoignant la satisfaction qu'on éprouve et en s'en montrant honoré.

On s'informe de l'adresse des parents de la jeune fille à qui l'on doit offrir le bras, dans le cas où l'on ne serait pas déjà en relations avec eux, et l'on dépose sa carte à leur porte, ou, beaucoup mieux, on se présente pour leur présenter ses hommages. Le matin du mariage, on envoie à la jeune fille, avec sa carte, un bouquet blanc. Cet usage résiste aux fantaisies de la mode, qui essaie de temps à autre de remplacer le bouquet par une corbeille. En ce moment, on fait entourer le pied du bouquet d'un très petit mouchoir garni de dentelle.

Il arrive souvent que l'on demande aux garçons d'honneur de s'occuper des détails du cortège, afin que chacun occupe la place désignée. Naturellement, on se mettra à la disposition du marié, et si l'on est appelé à lui rendre quelques services, on le fera de bonne grâce et en s'appliquant à y mettre tout l'ordre voulu.

A la messe, les garçons d'honneur conduisent les quêteuses. Ils se chargent de porter leur bouquet s'ils en sont priés ou s'ils voient la quêteuse embarrassée. Cependant, il est à désirer que celle-ci comprenne ce qu'a de gênant l'attitude d'un jeune homme qui porte un bouquet, et qu'elle s'arrange pour le garder de la même main que tient le garçon d'honneur.

Il est presque superflu de faire remarquer que ce rôle n'implique aucune familiarité vis-à-vis de la jeune fille qu'on est chargé de conduire. Il faut, tout en ayant pour elle les attentions d'un homme bien élevé, garder la réserve la plus grande, comme on le ferait à l'égard de toute jeune fille qu'on rencontre dans un salon.

Parrain.

C'est chose grave d'être parrain ; d'abord au point de vue de la conscience, on contracte envers l'Église et vis-à-vis de son filleul des obligations qu'il serait fâcheux de prendre à la légère. Puis, même devant la famille, on assume une certaine responsabilité qui, à un moment donné, peut sembler lourde.

Il ne faut donc pas accepter sans réflexion une charge qui oblige au bon exemple, aux bons conseils, qui entraîne quelquefois une aide matérielle, et qui, enfin, au moment même du baptême, implique des dépenses plus ou moins considérables.

Personne ne peut s'offenser d'un refus en pareille circonstance, et il est facile de trouver des raisons polies pour se dispenser d'obligations qu'on ne veut ou qu'on ne peut pas assumer.

Si l'on accepte, il faut le faire de bonne grâce, et en témoignant qu'on est profondément sensible à l'honneur qui vous est fait.

Comme obligations immédiates, il faut d'abord

faire un présent à son filleul. Ce présent consiste en objets d'argenterie et varie selon la somme qu'on y peut consacrer, depuis le couvert ou la timbale, jusqu'à l'écrin plus ou moins complet contenant deux, trois, quatre objets, etc. Parmi ces objets, on compte, en outre du couvert et de la timbale, la cuiller à bouillie, la petite casserole d'argent, le coquetier d'argent avec sa petite cuiller, etc. Mais chacun agit selon sa fortune, et il est suffisant de donner le couvert dans son écrin.

J'ai parlé, à propos des cadeaux, de ce qu'on peut offrir à la marraine dans le cas où il est opportun de lui faire un présent. On peut en faire un à la jeune mère si c'est une parente ou même si c'est une étrangère, à la condition que le mari le permette, et en choisissant de préférence une jardinière ou un porte-bouquet, ou un éventail. Une parente, une sœur ou une cousine très proche, peut préférer un objet d'argenterie, un petit meuble, etc.

La quantité de dragées à donner dépend naturellement de la somme qu'on peut dépenser. On peut remettre à la mère et à la marraine une très grande boîte en plus des autres, mais ce n'est pas une obligation rigoureuse. On offre au moins douze boîtes à la mère et autant à la marraine ; ces boîtes peuvent être de grande ou de moyenne taille, selon la somme qu'on y veut consacrer. On les choisit d'un goût sobre et sans excentricité. Inutile de dire que les dragées doivent être de bonne qualité ; mieux vaudrait en donner une quantité moins considérable et la prendre meilleure. Ces boîtes sont envoyées avec la carte du parrain la veille ou le matin du baptême.

Le parrain se charge des frais d'église, c'est-à-dire qu'il remet les pourboires aux employés de l'église, le montant du carillon dans les villes où l'on fait sonner les cloches.

Il offrira au prêtre une boîte de dragées contenant une somme d'argent pour les pauvres. Cette somme varie selon la fortune qu'on possède ; dans un milieu moyen, il est d'usage de donner un louis.

Enfin, il remet encore une petite somme à la nourrice ou à la domestique qui porte l'enfant. Cette somme variera de cinq à vingt francs.

Le parrain est tenu de donner des étrennes à son filleul.

Chez les autres.

Nous n'aurions pas terminé notre tâche, et ce livre ne serait pas complet si nous ne tracions pas, pour ceux que la situation pourrait embarrasser, les règles de conduite auxquelles on doit se reporter lorsqu'on séjourne chez les autres.

Il y a là diverses questions de nature à embarrasser un jeune homme qui n'a pas de famille ou de conseil autorisé pour le renseigner, et en outre, on ne songe pas toujours, en pareil cas, à observer toutes les nuances de la délicatesse et de la discrétion.

Tout d'abord, il ne faut pas aller chez les autres sans être invité.

J'entends ici des protestations, et cependant, il y a de par le monde nombre de gens importuns ou indiscrets qui se targuent d'une connaissance superficielle pour aller demander à déjeuner ou à dîner, particulièrement à la campagne, et qui, sous prétexte qu'on les a invités vaguement à venir passer quelques jours, n'attendent pas d'indication formelle, et arrivent chez des gens qui ne comptaient pas sur eux. C'est bien vite fait de dire à un monsieur qu'on a rencontré et qui vous plaît : « Vous seriez bien aimable de venir me voir... Vous savez, j'ai une maisonnette à Bougival... Prenez donc le train un dimanche et venez me demander à dîner... » Vous prenez le train sans crier gare, vous arrivez à l'heure du dîner, et il se trouve que la table est complète, qu'on ne comptait nullement vous voir, et qu'on vous traite *in petto* d'indiscret et de... pique-assiette.

Les personnes qui vous ont invité légèrement à venir passer quelques jours chez elles sont autrement furieuses de voir prendre au pied de la lettre cette invittaion en l'air.

Donc, comme règle générale, à moins qu'il ne s'agisse de parents et d'amis intimes qui ont insisté expressément (et encore ! !), n'allez jamais chez personne sans qu'on vous ait fixé un jour, une heure, indiqué une époque, et fait pressentir la durée du temps pendant lequel on peut ou l'on veut vous recevoir.

Je ne saurais trop insister là-dessus. L'hôte le plus charmant, le plus aimable, le plus discret, le moins gênant, peut devenir gênant, indiscret, désagréable, importun et ennuyeux s'il arrive à contre-temps, et il est peu d'amphytrions qui aiment à voir survenir des convives qu'ils n'attendaient point.

Si l'on vous a invité à passer dans une maison un temps indéterminé, prenez garde de dépasser la période pendant laquelle on s'attend à vous voir rester. Mieux vaut se laisser retenir en annonçant son départ trop tôt, que de demeurer trop longtemps chez les autres. Mais alors même qu'ils insistent pour vous faire prolonger votre séjour, sachez faire la part de la politesse dans ces instances, et ne prenez pas à la lettre les raisons aimables qu'on met en avant pour vous garder. Il vaut mieux être regretté que de devenir importun.

L'exactitude est la première et la plus essentielle des qualités de ceux qui séjournent chez les autres. Il faut être exact, d'abord, quant au jour et à l'heure de l'arrivée. Il faut, ensuite, s'astreindre à l'ordre établi dans la maison, notamment pour les repas.

Il est indispensable de tenir en ordre la chambre qui vous est assignée : c'est une question de respect pour vos hôtes. Ne laissez pas traîner vos affaires, montrez-vous soigneux des objets d'autrui.

Un homme qui a du tact n'oubliera jamais qu'il n'est pas chez lui, et ne prendra jamais des allures sans-gêne ou des manières de propriétaire. Il évitera d'appuyer sur le pronom possessif, et trouvera de bon goût, au lieu de dire : ma chambre, avec affectation, de dire : la chambre que j'occupe.

Il aura soin de ne demander aux domestiques que les services qui lui sont indispensables. S'attribuer de l'autorité sur les serviteurs de son hôte, sous prétexte qu'on leur laissera un pourboire, est d'une odieuse indiscrétion et d'un parfait ridicule.

Inutile d'insister sur la politesse qu'on doit montrer à ceux qui s'emploient à nous servir.

Faut-il dire que les critiques sont d'une impertinence à peine supportable? Eh! oui, il faut tout indiquer; n'ai-je pas rencontré de ces gens qui, recevant l'hospitalité dans un château, déploraient les erreurs des restaurations, conseillaient des tentures plus en rapport avec le style, et critiquaient le tracé des jardins ou les éclaircies du parc?

*
* *

Quand on est chez les autres, il faut se rendre utile si on le peut, agréable au moins par sa complaisance, sa bonne humeur, par la disposition à faire ce qui plaît aux autres, et à se prêter aux distractions qu'ont préparées les hôtes. Sans être arrogant ou sans-gêne, il faut, pour ôter un souci et une préoccupation à ceux qui vous reçoivent, savoir s'occuper quand ils ne peuvent être avec vous, et se mettre à l'aise dans une mesure que le tact indique et que la réserve restreint.

* * *

La discrétion doit embrasser toutes sortes de petits détails, et s'harmoniser avec les situations. Si les hôtes, ayant des chevaux et des voitures, vous ont autorisé à vous en servir, vous ne devez pas user de cette permission à leur insu : il faut leur demander si vous pouvez profiter de leur offre, si vous n'intervenez à l'encontre d'aucun de leurs projets.

Si vous êtes chez des personnes d'une situation modeste, vous devez avoir soin de ne pas augmenter les charges que constituent votre présence par certains abus d'hospitalité. Pour entrer dans les détails, je dirai, par exemple, que s'il vous est agréable de lire ou de travailler une partie de la nuit, vous devez vous munir de bougies, en prenant soin, toutefois, que votre hôte ne se doute pas que vous vous éclairez à vos frais.

Vous ne devez faire aucun changement dans l'appartement qui vous est attribué. J'ai connu des gens qui faisaient enlever les tentures, changer la disposition des meubles, et même qui enfonçaient dans les murailles des clous ou des porte-manteaux. De pareils procédés sont difficiles à qualifier.

*
* *

On doit être soucieux du plaisir d'autrui. Pour donner encore un exemple, il n'est pas rare, lorsqu'on est en villégiature, de voir des messieurs qui ont passé leur journée à la chasse ou à la pêche, revenir saturés de leurs exploits, et disposés à en fatiguer les autres. Leurs récits et, passez-moi le mot, leurs blagues deviennent vite fastidieuses pour les auditeurs ; mais, loin de s'en apercevoir, ils condamnent tout le monde à les entendre, sinon à les écouter, et sont ainsi la cause d'un mortel ennui.

*
* *

Lorsqu'on quitte une maison, il est obligatoire de donner un pourboire aux domestiques. Ici, il est presque impossible de donner des indications. Tout dépend de la maison où l'on se trouve, de sa propre fortune, du temps qu'on est resté, du taux approximatif des gages des domestiques. En effet, on ne traitera pas de la même manière un domestique de campagne payé à raison de 20 francs par mois, et un valet de chambre parisien qui reçoit 100 francs de gages. On ne donnera pas le même pourboire pour un mois ou pour deux jours, et enfin, un modeste employé à 2 ou 3.000 francs ne pourra, avec la meilleure volonté du monde, être aussi généreux qu'un millionnaire.

Quand on passe seulement deux ou trois jours dans une maison où le personnel domestique est très nombreux, il suffit de donner un pourboire au valet de chambre qui vous a rendu des services personnels, et au cocher qui vous a conduit. Si le séjour est prolongé, il faut donner un pourboire au cuisinier.

Chez des parents qui connaîtraient votre situation modeste, vous pouvez être moins large que chez des étrangers dont vous devez reconnaître l'hospitalité en vous montrant généreux envers leurs domestiques.

On remet les pourboires enveloppés de papier, et on les accompagne d'un remerciement pour les services rendus.

***

Il faut, après un séjour dans une maison, écrire une lettre de remerciement.

Il ne siérait pas à un jeune homme de reconnaître l'hospitalité reçue par un présent, mais il lui est permis, si les circonstances s'y prêtent, d'avoir des attentions, d'envoyer des fleurs, une bourriche de gibier, un panier de fruits, des billets de concert, etc.

*
* *

Un jeune homme invité à un pique-nique ne peut se permettre de participer à la partie solide du repas. Mais il peut offrir des fruits si cela lui est agréable.

*
* *

La liberté d'un séjour à la campagne ne va jamais jusqu'à permettre des familiarités ou des manières contraires au savoir-vivre. C'est ainsi qu'un jeune homme s'abstiendra toujours d'offrir une cigarette à une femme, encore moins à une jeune fille, même si celle-ci avait le mauvais goût de fumer.

Il faut également prendre garde au laisser-aller que la pratique de la bicyclette pourrait introduire dans les rapports. On ne peut nier que ce sport, d'abord réservé aux hommes, n'ait une tendance à rendre les femmes masculines. Mais un homme bien élevé ne traite jamais une femme en camarade, même quand elle a le tort d'adopter un costume peu seyant et peu convenable à son sexe; il doit rétablir l'équilibre par sa réserve et le comme il faut de ses manières.

※
※ ※

J'allais oublier un des points les plus importants du savoir-vivre en ce qui concerne les séjours chez autrui : je veux parler de ce travers qui consiste à se montrer difficile au sujet de la nourriture.

Rien n'est plus déplacé, plus inconvenant, je dirai même plus vulgaire, que de faire le délicat à une table étrangère. Ou c'est un genre de pose, ou c'est le fait d'une délicatesse exagérée. Dans le premier cas, je dirai qu'il n'est pas d'affectation plus sotte, plus malhonnête et manquant le plus son effet. On a remarqué que ce sont les parvenus, les personnes de basse naissance, ou celles qui vivent le plus pauvrement chez elles, qui se montrent le plus difficiles chez les autres. C'est là faire preuve de sottise, d'impertinence ou de stupide vanité. Si les répugnances qu'on affiche sont réelles, elles n'en constituent pas moins une vraie malhonnêteté à l'égard des hôtes, et il reste alors deux solutions : ou se corriger d'une délicatesse qui vient trop souvent de la gourmandise, de manies invétérées, d'indifférence à la mortification de ceux qui vous reçoivent, ou s'abstenir de quitter sa propre maison et de prendre place à une table étrangère.

Si l'on accepte l'hospitalité, il faut en subir les inconvénients et se résigner d'avance à goûter à des mets qu'on n'aime pas. Le mal n'est pas bien grand, et il vaut mille fois mieux imposer à son palais un petit désagrément, que de laisser à une maîtresse de maison le très grand ennui, le vif désappointement de voir ses efforts méconnus, sa bonne volonté impuissante, son menu dédaigné.

.

Voilà les principales règles qu'il faut suivre quand on s'assied au foyer d'autrui.

Le tact, la préoccupation d'être agréable aux autres et de leur montrer sa gratitude achèveront d'indiquer tout ce qui pourrait manquer à ces pages.

TABLE DES MATIÈRES

PREMIÈRE PARTIE

Ce qui est de tous les temps.	3
Le maintien, le rire, la voix.	9
Le nez, éternuements, baillements, le tabac.	13
Soin et propreté	21
L'ordre	25
Les parfums	31
Le langage, l'argot.	33
Conversations.	39
La tenue à l'église	43
La tenue à table	45
La blague	61
Les jeux.	63
Le respect humain	69
La distinction.	73
La pose.	77
En bloc.	79

DEUXIÈME PARTIE

Le respect.	85
Avec les ecclésiastiques et les religieux.	89
Avec les vieillards.	91
Avec les professeurs.	97
Le haut du pavé	103

Dans un escalier 107
La politesse en famille 109
En voyage. 115
Savoir écouter 125
Avec les inférieurs 131
Dans les magasins. 135
La timidité. 139
La susceptibilité considérée au point de vue du savoir-vivre. 143
Discrétion 147
Exactitude. 155
Les plaisanteries 159
Le tact. 163
L'égoïsme 168
Des manies. 171
La complaisance 177
La loyauté. 181

TROISIÈME PARTIE

Les visites 187
Les saluts 199
Le chapeau. 205
Les présentations. 207
Appellations 215
Le costume. 219
Le deuil 233
Les bijoux. 237
Invitations 239
Les lettres 247
Les cartes de visite. 263

Les présents	269
Les soirées	273
Usages surannés	279
Les convois	283
Demande en mariage, fiançailles	285
Garçon d'honneur	289
Parrain	291
Chez les autres	295

EXTRAIT DU CATALOGUE

DE LA

Librairie BLOUD & BARRAL

4, rue Madame, Paris

SCIENCE ET RELIGION
Études pour le temps présent

Volumes in-12 de 64 pages compactes. — Prix .... 0 fr. 60

« Aujourd'hui, en notre siècle de vapeur, d'électricité, on veut savoir
« tout et lire peu, toute la vie est pleine et fiévreuse? C'est ce qui ex-
« plique la vogue de la Revue et du Journal. Cependant ces deux or-
« ganes de la pensée moderne sont insuffisants pour embrasser une
« question dans la complexité de ses aspects. Le livre est toujours né-
« cessaire; mais nous pensons, à part les moines et le clergé des cam-
« pagnes, que le respectable in-4° et le majestueux in-folio ont fait leur
« temps pour le grand public. Il fallait donc condenser en un volume
« de poche les questions qui tourmentent l'âme contemporaine. C'est ce
« que certains éditeurs ont très heureusement compris, notamment
« MM. Bloud et Barral, dont les éditions ont déjà tant rendu de servi-
« ces signalés à la cause religieuse.

« Sous le titre de *Science et Religion,* collection de volumes in-12 de
« 64 pages compactes, ils ont entrepris, avec un plein succès, de démon-
« trer par les plumes des plus autorisées *l'accord entre les résultats de
« la science moderne et les affirmations de la foi.* Chaque sujet est
« traité, non plus d'après la méthode apologétique, qui actuellement est
« suspecte aux incrédules, même aux indifférents. C'est avec la plus ri-
« goureuse méthode scientifique — mais mise à la portée de tous les
« esprits quelque peu cultivés — que sont exposées les *Nouvelles Études
« philosophiques, scientifiques et religieuses* de cette opportune et très
« intéressante collection.

« Le nom de l'auteur de chacune d'elles est une recommandation. »

Louis ROBERT.   (Journal *l'Univers.*)

Librairie BLOUD et BARRAL, 4, rue Madame — PARIS.

L'Apologétique historique au XIXe siècle. — La Critique irréligieuse de Renan (*Les précurseurs. — La vie de Jésus. — Les adversaires. — Les résultats*), par l'abbé Ch. DENIS, directeur des *Annales de philosophie chrétienne*. 1 vol.— Prix, *franco*, 0 fr. 60

Nature et Histoire de la liberté de conscience, par M. l'abbé CANET, docteur en philosophie et ès-lettres de l'Université de Louvain, ancien professeur de théologie dogmatique au grand séminaire de Lyon. 1 vol. — Prix, *franco* . . . . 0 fr. 60

L'Animal raisonnable et l'Animal tout court, *étude de psychologie comparée*, par C. DE KIRWAN. 1 vol. — Prix, *franco*. . . . . 0 fr. 60

La Conception catholique de l'Enfer, par M. BRÉMOND, docteur en théologie, professeur de dogme au grand séminaire de Digne. 1 vol. — Prix, *franco*. . . . . 0 fr. 60

L'Église russe, par I.-L. GONDAL, professeur d'apologétique et d'histoire au grand séminaire Saint-Sulpice. 1 vol. — Prix, *franco*. . . . . 0 fr. 60

La Fausse Science contemporaine et les Mystères d'Outre-tombe, par le R. P. Th. ORTOLAN, O. M. I. 1 vol. — Prix, *franco*. . . . . 0 fr. 60

— *Du même auteur :* **Vie et Matière ou Matérialisme et Spiritualisme en présence de la Cristallogénie,** 1 vol. — Prix, *franco* . . . . 0 fr. 60

— *Du même auteur :* **Matérialistes et Musiciens.** 1 vol. — *franco* . . . . 0 fr. 60

Le Mal, sa nature, son origine, sa réparation. *Aperçu philosophique et religieux*, par l'abbé M. CONSTANT, docteur en théologie, lauréat de l'Institut catholique de Paris. 1 vol. — Prix, *franco*. . . 0 fr. 60

Dieu auteur de la vie, par M. l'abbé THOMAS, vicaire général de Verdun. 1 vol. — Prix, *franco*. . . . . 0 fr. 60

— *Du même auteur :* **La fin du monde d'après la foi et la science.** 1 vol. — Prix, *franco* . . . . 0 fr. 60

L'Attitude du catholique devant la science, par G. FONSEGRIVE, directeur de la *Quinzaine*. 1 vol. — Prix, *franco* . 0 fr. 60

— *Du même auteur :* **Le Catholicisme et la Religion de l'Esprit.** 1 vol. — Prix, *franco* . . . . 0 fr. 60

Du Doute à la Foi, le besoin, les raisons, les moyens, les devoirs, la possibilité de croire, par le R.P. TOURNEBIZE, S. J. 1 vol. — Prix, *franco*. . . . . 0 fr. 60

Librairie BLOUD et BARRAL, 4, rue Madame — PARIS.

La Synagogue moderne, sa doctrine et son culte, par A. F. SAUBIN. 1 vol. — Prix, *franco*. . . . . 0 fr. 60

Évolution régulière et Immutabilité de la doctrine religieuse dans l'Église, par M. PRUNIER, supérieur du grand séminaire de Séez. 1 vol. — Prix, *franco* . . . . 0 fr. 60

La Religion spirite, son dogme, sa morale et ses pratiques, par I. BERTRAND. 1 vol. — Prix, *franco*. . . . . 0 fr. 60

L'Hypnotisme franc et l'Hypnotisme vrai, par le docteur HÉLOT, auteur de *Névroses* et *Possessions diaboliques*. 1 vol. — Prix, *franco*. . . . . 0 fr. 60

Convenance scientifique de l'Incarnation, par Pierre COUBBET, ancien élève de l'École polytechnique. 1 vol. — Prix, *franco*. . . . . 0 fr. 60

L'Église et le Travail manuel, par M. l'abbé SABATIER, du clergé de Paris, docteur en droit canon. 1 vol. — Prix, *franco*. 0 fr. 60

L'Inquisition, son rôle religieux, politique et social, par G. ROMAIN, auteur de : *L'Église et la Liberté*. 1 vol. — Prix, *franco*. . 0 fr. 60

L'Hypnotisme et la Science catholique, par A. JEANNIARD DU DOT. 1 vol. — Prix, *franco* . . . . 0 fr. 60
Excellent résumé des travaux des savants chrétiens sur la question.

Unité de l'espèce humaine *prouvée par la similarité des conceptions et des créations de l'homme,* par le marquis DE NADAILLAC. 1 vol. — Prix, *franco* . . . . 0 fr. 60

Le Socialisme contemporain et la Propriété. — *Aperçu historique,* par M. Gabriel ARDANT, auteur de la *Question agraire.* 1 vol. — Prix, *franco*. . . . . 0 fr. 60

Pourquoi le Roman à la mode est-il immoral et pourquoi le Roman moral n'est-il pas à la mode ? *Étude sociale et littéraire,* par G. D'AZAMBUJA. — 1 vol., *franco*. 0 fr. 60

Certitudes scientifiques et Certitudes philosophiques, par le R. P. DE LA BARRE, S. J., professeur à l'Institut catholique de Paris. 1 vol. — Prix, *franco*. . . . . 0 fr. 60

L'Ame de l'homme, par J. GUIBERT, supérieur du séminaire de l'Institut catholique de Paris. 1 vol. — Prix, *franco*. . . . 0 fr. 60

Faut-il une religion ? par M. l'abbé GUYOT, ancien professeur de théologie. 1 voumel. — Prix, *franco* . . . . 0 fr. 60

— *Du même auteur :* **Pourquoi y a-t-il des hommes qui ne professent aucune religion ?** — 1 vol. Prix, *franco*. 0 fr. 60

Librairie BLOUD et BARRAL, 4, rue Madame — PARIS.

Nécessité scientifique de l'existence de Dieu, par Pierre COURBET, ancien élève de l'Ecole polytechnique. — 2ᵉ édition. — Prix, *franco*.................................... 0 fr. 60

— *Du même auteur* : **Jésus-Christ est Dieu.** 2ᵉ édition. — Prix, *franco*.. 0 fr. 60

Études sur la pluralité des mondes habités et le dogme de l'Incarnation, par le R. P. ORTOLAN, docteur en théologie et en droit canonique, lauréat de l'Institut catholique de Paris, membre de l'Académie de Saint-Raymond de Pennafort. 3 vol.

I. — *L'Epanouissement de la vie organique à travers les plaines de l'infini.* 1 vol. — Prix, franco........... 0 fr. 60
II. — *Soleils et terres célestes.* 1 vol. — Prix, franco .... 0 fr. 60
III. — *Les Humanités astrales et l'Incarnation.* 1 vol. Prix, franco... 0 fr. 60
   Chaque volume se vend séparément.

L'Au-delà ou la Vie future d'après la foi et la science, par M. l'abbé J. LAXENAIRE, docteur en théologie et en droit canon, et de l'académie de Saint-Thomas d'Aquin, professeur au grand séminaire de Saint-Dié. 1 vol. — Prix, *franco* .... 0 fr. 60

Le Mystère de l'Eucharistie. — Aperçu scientifique, par l'abbé CONSTANT, docteur en théologie, lauréat de l'Institut catholique de Paris. 2ᵉ édition. 1 vol. — Prix, *franco*...... 0 fr. 60

L'Eglise catholique et les Protestants, par G. ROMAIN, auteur de : *l'Église et la Liberté* et *le Moyen Age fut-il une époque de ténèbres et de servitude?* 1 vol. — Prix, *franco*..... 0 fr. 60

Mahomet et son œuvre, par I.-L. GONDAL, professeur d'apologétique et d'histoire au séminaire de Saint-Sulpice. 1 vol. — Prix, *franco*.. 0 fr. 60

Christianisme et Bouddhisme (*Études orientales*), par M. l'abbé THOMAS, vicaire général de Verdun. 2ᵉ édition. 2 vol. — Prix, *franco*.. 0 fr. 60
   Première partie : *Le Bouddhisme.*
   Deuxième partie : *Le Bouddhisme dans ses rapports avec le Christianisme. — Ascétisme oriental et ascétisme chrétien.*

Où en est l'Hypnotisme, son histoire, sa nature et ses dangers par A. JEANNIARD DU DOT, auteur du *Spiritisme dévoilé.* 2ᵉ édition. 1 vol. — Prix, *franco* .... 0 fr. 60

— *Du même auteur* : **Où en est le Spiritisme,** sa nature et ses dangers. 2ᵉ édition. 1 vol. — Prix, *franco*............ 0 fr. 60

www.ingramcontent.com/pod-product-compliance
Lightning Source LLC
Chambersburg PA
CBHW060410170426
43199CB00013B/2076